명화 읽어주는 박물관

국립제주박물관 문화총서 13

명화 읽어주는 박물관

인 쇄 일	2014년 5월 2일
발 행 일	2014년 5월 8일

기　　획	이애령 · 유경하
편　　저	국립제주박물관
	제주특별자치도 제주시 일주동로 17
	TEL. 064-720-8000

발 행 처	서경문화사
발 행 인	김선경
디 자 인	김윤희 · 김소라
	서울특별시 종로구 이화장길 70-14(105호)
	TEL. 02-743-8203　FAX. 02-743-8210

등록번호	300-1994-41호
I S B N	978-89-6062-124-4　　04380
ⓒ국립제주박물관, 2014	

값	13,000원

🏛 국립제주박물관 문화총서 13

명화 읽어주는 박물관

- 미술로 보는 동서양의 사랑이야기 -

국립제주박물관 편

서 경 문 화 사

국립제주박물관 문화총서 제13권

『명화 읽어주는 박물관』을 발간하며

제주 역사와 문화의 전당, 국립제주박물관의 다양한 전시와 교육 프로그램 가운데 '박물관아카데미'는 해마다 주제를 바꾸어 제주와 한국의 전통 문화를 폭넓게 이해하도록 꾸며왔습니다. 올해 열 세 번째 박물관 아카데미는 전통 미술을 대상으로 '명화 읽어주는 박물관 - 미술로 보는 동·서양의 사랑이야기'로 잡고, 동서양의 미술과 신화 속에서 사랑을 찾아가는 여정으로 마련하였습니다.

세상은 온갖 사랑으로 가득하다고 합니다. 또 만물은 그 대상과 방식이 다를지언정 끊임없는 사랑과 교감으로 이 세상을 지탱해주지 않나 싶습니다. 그 가운데 사람들이 모두 경험하지 못하는 다양한 형태의 사랑들이 예술가의 혼을 거쳐 동서고금의 명화와 신화에 담겨졌을 것입니다.

본 강좌를 맡아주신 선생님들은 위대한 예술가를 대신하여 여러 색깔의 사랑 노래를 여러분께 들려드릴 것입니다. 풍속화에 비친 서민의 삶과 사랑, 천재화가 겸재가 사랑한 이 땅의 모습, 조선의 미인도에 비친 여인의 사랑, 가족에 대한 예술가의 그리움, 호기심을 자극하며 눈길을 사로잡는 춘화, 중국과 일본 전통 그림 속 남녀의 사랑, 인도 민화와 그리스와 로마 신화 속의 사랑 등등. 덕분에 우리는 화폭에 담긴 사랑 노래를 들으며 시공을 초월한 설레임과 감동의 시간을 보낼 것입니다.

'사랑하는 영혼만이 행복하다'고 괴테가 말했듯이, 여러분 모두 사랑에 빠져 행복하시기 바랍니다.

2014년
제주의 어느 봄날
국립제주박물관장 김성명

차 례

의궤로 보는 왕실의 결혼

- 영조와 정순왕후의 혼례식을 중심으로 -

신병주 건국대 사학과 교수

▲ 영조정순황후가례도감의례, 2책, 1759년(영조 35년), 47.3×33.5cm

의궤로 보는 왕실의 결혼
- 영조와 정순왕후의 혼례식을 중심으로 -

1. 의궤란 무엇인가?

'의궤(儀軌)'란 조선시대에 국가나 왕실에서 거행한 주요 행사를 기록과 그림으로 남긴 보고서 형식의 책이다. 의궤는 의식(儀式)과 궤범(軌範)을 합한 말로써 '의식의 모범이 되는 책'이란 뜻이다. 전통시대에 주요한 국가적 행사가 있으면 전왕 때의 사례를 참고하여 거행하는 것이 관례였으므로, 국가 행사의 관련 기록을 의궤로 정리해 둠으로써 후대에 시행착오를 최소화하려고 했던 것이다. 선왕의 법도를 최대한 따르려는 유교 이념이 강하게 나타나 있고, 당대의 모습을 철저히 기록으로 남기려는 투철한 기록정신이 대를 이어 의궤를 편찬하는 힘이 되었다.

조선시대에는 국왕의 혼인을 비롯하여 세자의 책봉, 왕실의 잔치, 왕실의 장례, 궁궐의 건축 등과 같이 국가나 왕실에서 거행하는 중요한 행사가 있으면, 행사가 진행되는 동안 관련 기록을 모아두었다가, 행사에 끝난 뒤에 의궤 편찬을 담당할 임시 기구를 만들어 의궤를 편찬했다. 말하자면 국가적 행사를 추진할 전담기구 설치, 행사 보고서 작성, 국왕에게 보고하는 과정을 거친 다음에야 비로소 행사를 마무리하였다.

의궤에서 가장 돋보이는 것은 철저한 기록정신이다. 의궤는 행사의 전 과정을 철저하게 기록하는 한편, 행사 참여자의 명단,

소요된 물자와 남은 물자까지 일체의 내역을 기록하여 정치의 투명성과 공개성을 꾀하였다.

의궤에서 발견되는 또 하나의 특징은 그림이다. 의궤는 행사의 전 과정을 보여주는 반차도(班次圖)나 각종 건물 또는 물품의 모습을 그린 도설(圖說)을 수록한 그림책이기도 하다. 통상 천연색으로 그려진 그림들을 통해서 우리는 행사가 진행되던 당시의 모습을 입체적으로 느낄 수 있으며, 문자기록만으로는 미처 파악할 수 없었던 물품의 세부 사항까지도 분명하게 알 수 있다. 이런 점에서 의궤는 기록과 그림이 함께 어우러진 종합적인 행사 보고서라고 할 수 있다.

2. 의궤의 제작과 보관

의궤에 기록된 각종 행사를 위해서는 도감(都監)이라는 임시 기구가 먼저 설치되었다. 도감은 행사의 명칭에 따라 각각 그 이름이 달랐다. 즉 왕실의 혼례의 경우에는 가례도감, 국왕이나 왕세자의 책봉의식에는 책례도감, 왕실의 장례에는 국장도감, 사신을 맞이한 행사일 경우에는 영접도감, 궁궐의 건축과 같은 일을 행할 때는 영건도감 등과 같은 이름을 붙였으며, 이들 임시기구인 도감에서는 각기 맡은 행사를 주관하였다. 오늘날로 치면 올림픽 조직위원회, 월드컵 준비위원회가 구성되는 것과 비슷한 이치이다.

도감은 임시로 설치되는 기구이므로 관리들이 겸직을 하는 경우가 많았다. 도감의 직제는 대개 다음과 같은 방식으로 구성되었다. 먼저 총책임자에 해당하는 도제조(都提調) 1인은 정승급에서 임명되었으며, 부책임자급인 제조(提調) 3~4명은 판서

급에서 맡았다. 실무 관리자들인 도청(都廳) 2~3명, 낭청(郎廳) 4~8명 및 감독관에 해당하는 감조관(監造官) 6명은 당하관의 벼슬아치들 중에서 뽑았으며, 그 아래에 문서작성, 문서수발, 회계, 창고정리 등의 행정 지원을 맡은 산원(算員), 녹사(錄事), 서리(書吏), 서사(書士), 고지기(庫直), 사령(使令) 등이 수명씩 임명되었다. 도감에서는 행사를 지휘하는 관리자들과 실제 업무를 담당하는 실무자들을 고르게 배치하였으며, 행사의 성격에 따라 인원의 증감이 있었다.

의궤는 보통 5부에서 9부를 만들었다. 국왕이 친히 열람하는 어람용의궤 1부는 규장각에 올리고, 나머지 의궤는 의정부, 춘추관, 예조 등 관련 부서와 지방의 각 사고(史庫)에 나누어서 보관하는 것이 일반적이었다. 현재까지 남아있는 의궤의 표지에 '정족산상(鼎足山上)', '오대산상(五臺山上)' 등으로 쓰여있는 것은 각각 정족산 사고와 오대산 사고에 보내져 보관되어 온 것임을 나타내고 있다.

의궤 중에서도 사회적으로 크게 관심의 대상이 되고 있는 것은 강화도 외규장각에 보관되었다가, 1866년 프랑스군에 의해 약탈된 후 현재는 파리국립도서관에 소장되어 있는 외규장각의 궤이다. 1776년 25세로 즉위한 정조가 처음 한 일은 규장각과 친위부대인 장용영의 설립이었다. 정조는 규장각을 본격적인 정치, 학문기구로 설립한 지 얼마 후에 정조는 강화도에 외규장각을 지을 것을 명했다. 역사적 경험상 궁궐 내에 국가의 중요 기록물이 보관되어 있는 것이 불안했기 때문이었다. 1782년 외규장각이 세워지면서 이곳은 의궤와 왕실 족보, 어필 등을 보관하는 왕실문문화의 보고(寶庫)로 자리를 잡았다. 1784년에 편찬된 『규장각지(奎章閣志)』에 따르면, 외규장각은 6칸 크기의 규모로 행궁(行宮)의 동쪽에 있었다고 한다. 최근 외규장각 건물이 복원

되었지만 「강화부궁전도(江華府宮殿圖)」에 나타난 모습과는 일정한 거리가 있다.

정조는 규장각에 보관하고 있던 의궤 중 어람용의궤를 외규장각에 보관하기 시작하였고, 이러한 전통은 후대 왕들에 의해서도 계승되었다. 어람용 의궤는 국왕이 열람한 후에 규장각에 보관하였다가 1781년 강화도에 외규장각을 설치한 후에는 이곳에 옮겨 보관하였다. 어람용 의궤는 종이로 고급 초주지(草注紙)를 사용하고 사자관(寫字官)이 해서체로 정성들여 글씨를 쓴 다음 붉은 선을 둘러 왕실의 위엄을 더했다. 어람용은 장정 또한 호화로왔다. 놋쇠 물림(경첩)으로 묶었으며, 원환(圓環), 박을정(乙丁) 등을 사용하여 장정하였다. 표지는 비단으로 화려하게 만들어서 왕실의 품격을 한껏 높였다. 어람용이 아닌 일반 의궤에는 초주지 보다 질이 떨어지는 저주지(楮注紙)가 사용되었으며, 검은 선을 두르고 삼베를 쓰는 것이 일반적이었다. 국가의 주요 행사를 기록한 만큼 일반 의궤의 장정이나 글씨도 뛰어나지만 어람용 의궤의 그것을 보면 문외한이라도 그 화려함과 품격에 감탄을 금할 수 없다.

아래에는 어람용 의궤와 일반의궤를 만드는데 들어간 재료를 비교한 것이다.

표 1_어람용 의궤

구분	재료	단위
책표지감	초록경광주(草綠經光紬)	2척 2촌
제목감	백경광주(白經光紬)	길이 7촌 너비 1촌
홍협(紅挾)감	홍경광주(紅經光紬)	길이 7촌 너비 5푼
면지감	초주지	2장
후배(後褙)감	옥색지	1장
가장자리 부분	두석(豆錫)	
기타	국화동(菊花童) 박철원환(朴鐵圓環)	

표 2_분상용 의궤

구분	재료	단위
책표지감	홍정포(紅正布)	2척 2촌
배접감	백휴지(白休紙)	6장
면지감	저주지	2장
후배(後褙)감	옥색지	1장
기타	정철, 변철, 박철원환(朴鐵圓環), 합교말(合膠末)	* 합교말 3승

　현재 규장각에 소장된 1857년과 1858년에 작성된『강화부외규장각봉안책보보략지장어제어필급장치서적형지안(江華府外奎章閣奉安冊寶譜略誌狀御製御筆及藏置書籍形止案)』에 따르면 당시 외규장각에는 의궤류를 비하여 총 6,000여 책의 서책이 방위별로 설치한 탁자에 보관되어 있었다.

　그러나 근대의 격동기 강화도 외규장각은 더 이상 안전지대가 아니었다. 1866년 프랑스군 침공하면서(병인양요) 외규장각은 철저히 파괴되었다. 강화도에 주둔했던 프랑스군은 조선군의 강렬한 저항으로 퇴각하면서 외규장각에 보관되었던 우리 문화의 보고(寶庫)들에 손을 대기 시작했다. 은괴 19상자와 함께 그들의 눈을 자극한 것은 채색 비단 장정에 선명한 그림으로 장식된 어람용 의궤들이었다. 프랑스군이 외규장각을 방화하는 만행을 저지르는 가운데에도 의궤만을 따로 뽑아 본국으로 약탈한 것은, 화려하고 품격이 있는 의궤의 장정과 비단표지, 기록화 등에 매료되었기 때문이었을 것이다. 189종 340여책의 의궤는 이들의 퇴각과 함께 약탈당했으며, 프랑스 파리국립도서관(구관)에는 297책의 의궤가 보관되어 있다가 2011년 마침내 145년 만에 한국으로 돌아왔다.

3. 혼례식의 기록 『가례도감의궤』

조선시대에도 결혼은 인생에서 최고의 경사였음에 틀림이 없었다. 특히 왕실의 결혼은 국가의 행사 중에서도 가장 큰 경사의 하나였으며, 왕실의 결혼을 가리켜 '가례(嘉禮)'라고 칭하였다. 영조와 정순왕후 결혼식의 전 과정을 기록과 그림으로 남긴 『영조정순후가례도감의궤』의 첫머리에는 요즘 흔히 보는 책들처럼 큰 제목들을 적은 '목록'이 나온다. 목록에 기재된 사항들을 보면 다음과 같다.

⋮

* 좌목(座目): 행사를 주관한 담당 관리들의 명단
* 계사(啓辭): 국왕이 지시한 사항과 신하들이 건의한 사항을 날짜별로 모은 것
* 예관(禮關)·이문(移文)·내관(來關): 가례 의식을 업무에 따라 예조, 병조, 호조 등 각 기관별로 분장하고, 이들 관청간에 주고 받은 문서들을 모은 것
* 품목(稟目): 하부 관청에서 상급관청으로 품의한 문서들을 모은 것
* 감결(甘結): 상급관청에서 하급관청으로 지시한 문서들을 모은 것
* 서계(書啓): 봉명관(奉命官)의 복명서를 모은 문서
* 논상(論賞): 가례도감에 참여하여 공을 세운 사람들에 대한 포상 규정
* 일방의궤(一房儀軌): 교명(敎命), 의대(衣襨), 포진(鋪陳), 의주(儀註), 상탁함궤(床卓函櫃)의 업무를 맡은 일방에서 진행된 사항을 기록한 '의궤속의 의궤'
* 이방의궤: 의장에 필요한 중궁전의 연여(輦輿) 및 각종 깃발과 도구들을 관장하는 업무를 맡은 이방에서 진행된 사항을 기록한 '의궤속의 의궤'
* 삼방의궤(三房儀軌): 옥책, 갑, 궤, 금보(金寶), 보통(寶筒), 주통(朱筒)을 비롯하여 각종 그릇과 상탁(床卓) 등의 물품을 담당한 삼방에서 진행된 사항을 기록한 '의궤속의 의궤'
* 별공작의궤(別工作儀軌): 각 방에서 부족한 물품을 추가로 지원한

　　업무를 담당한 별공작에서 진행된 사항을 기록한 '의궤속의 의궤'
　* 수리소의궤(修理所儀軌): 선공감 감역이 주관하여 주로 혼례 행사
　　와 관련된 건물의 보수와 장인들의 가가(假家:임시 건축물) 건축에
　　관한 사항을 기록한 '의궤속의 의궤'.
　* 반차도(班次圖): 가례의 하이라이트인 친영시 행렬의 모습을 나누
　　어진 임무를 중심으로 기록한 그림

　　　　　　　　　　　　　　⋮

　　의궤의 목록을 통해서 알 수 있는 것은 의궤에 참여한 사람들
의 명단, 행사와 관련된 각종 공문서, 분장 업무, 유공자 포상, 행
사의 모습을 그린 기록화 등이다. 이 중에서 눈길을 끄는 것은
일방의궤, 이방의궤, 삼방의궤, 별공작의궤, 수리소의궤 등 '의궤
속의 의궤'의 모습을 띠고 있는 부분이다. 이들 '의궤 속의 의궤'
는 각 방에서 이루어진 업무를 세밀히 보고한 것으로 세부적인
내용들로 채워져 있다. 국왕의 혼인이라는 중대한 의식을 치르
기 위해서는 그만큼 준비할 것이 많았으며, 이러한 이유로 가례
도감이라는 총기구는 업무에 따라 일방, 이방, 삼방, 별공작, 수
리소 등 크게 다섯개의 기구로 다시 업무를 분담했던 것이다. 특
히 별공작이나 수리소와 같은 지원기관을 두어 일방, 이방, 삼방
의 업무를 원활하게 지원한 것이 주목된다. 부족한 물품을 채워
주는 상황을 기록한 별공작의궤나, 건물의 보수에 관한 내용을
담은 수리소의궤의 내용을 통해서 행사의 경비를 최대한 절감하
고자하는 당대인들의 의지를 읽어볼 수가 있다.
　　현존하는『가례도감의궤』는 1627년(인조 5) 소현세자의 가례
에서 시작하여, 1906년에 거행된 조선의 마지막 왕인 순종의 가
례까지 기록하고 있어서,『가례도감의궤』를 통해서 시기적으로
조선시대 왕실의 결혼식 장면을 포착할 수 있다. 특히 말미에 그
려진 그림(반차도)은 축제의 기분을 한껏내는 생동감 깊은 내용
들로 채워져 있어서 당시의 결혼식 행사에 직접 참여한 것과 같

은 느낌을 준다. 반차도는 마치 오늘날 영상 자료로 촬영한 듯한 효과를 안겨다 준다.

『가례도감의궤』에는 왕비의 간택(揀擇: 왕비 후보의 선택)을 비롯하여, 납채(納采: 청혼서 보내기), 납징(納徵: 결혼 예물 보내기), 고기(告期: 날짜 잡기), 책비(册妃: 왕비의 책봉), 친영(親迎: 별궁으로 가 왕비 맞이하기), 동뢰연(同牢宴: 혼인 후의 궁중 잔치), 조현례(朝見禮: 가례 후 처음으로 부왕이나 모후를 뵈는 의식) 등 혼인의 주요 행사를 비롯하여, 혼인에 필요한 각종 물품의 재료와 수량, 물품 제작에 참여한 장인들의 명단, 행사와 관련하여 각 부서간에 교환한 공문서 등이 낱낱이 기록되어 있다. 또한 마지막 부분에는 행사의 하이라이트를 그린 반차도를 그려넣어 그 대미를 장식하고 있다. 이처럼 체계적이고 화려하게 정리된 기록이라는 점에서 『가례도감의궤』는 조선시대 의궤의 꽃이라 칭할 만하다.

현존하는 의궤 중에서는 『소현세자가례도감의궤』에서부터 사도세자와 『장조헌경왕후가례도감의궤』까지는 1책으로 구성되었으며, 『영조정순왕후가례도감의궤』부터는 혼인 행사의 전 과정을 보다 체계적으로 정리하여 2책으로 제작하였다. 이들 책은 특히 반차도의 내용에서 차이를 보인다. 1책으로 구성된 의궤의 반차도는 행렬이 8면에서 18면에 걸쳐 그려질 정도로 규모가 소략하고 왕비의 가마만이 그려진데 비하여, 2책으로 구성된 의궤의 반차도에는 왕과 왕비의 가마가 함께 그려지면서 46면에서 92면에 이르는 긴 행렬이 화면을 채우고 있다. 그만큼 조선후기로 오면서 가례 행사가 보다 체계적으로 정리되고 있다는 사실을 확인할 수가 있다.

4. 왕실 혼례식의 주요 절차

왕실의 결혼에서 가장 먼저 필요했던 절차는 간택이었다. 간택은 왕실에서 규수를 선택하는 것으로, 왕실의 혼사에는 3차례의 간택이 실시되었다. 국가에서는 왕실의 결혼에 앞서 금혼령을 내리고 결혼의 적령기에 있는 팔도의 모든 처녀를 대상으로 '처녀단자'를 올리게 했다. 처녀단자를 올리는 응모자는 25~30명 정도에 불과했다. 간택은 형식상의 절차였을 뿐 실제 규수가 내정된 경우가 대부분이었고, 간택에 참여하는데 큰 부담이 따랐기 때문이었다. 간택의 대상이 된 규수는 의복이나 가마를 갖추어야 하는 등 간택 준비 비용이 만만치 않았던 것도 간택을 기피하는 이유가 되었다.

간택에 참가한 처녀들은 같은 조건에서 후보를 고른다는 취지에서 모두 똑같은 복장을 입었다. 초간택시의 복장은 노랑저고리에 삼회장을 달고 다홍치마를 입었다. 재간택, 삼간택으로 올라갈수록 옷에 치장하는 장식품은 조금씩 늘었다.

영조는 숙종의 제 4왕자로서 연잉군(延礽君)으로 있을 때인 1704년(숙종 30) 달성 서씨 서종제의 딸인 정성왕후(1692~1757)와 혼례를 올렸으며, 1757년 정성왕후가 사망하자 이해 6월에 경주 김씨인 김한구의 딸을 계비로 맞았으니 이가 곧 정순왕후이다. 1759년 6월 2일에 6인을 초간택하였고, 6월 4일에 유학 김한구, 현감 김노, 유학 윤득행의 딸을 재간택하였으며, 6월 9일에 김한구의 딸을 삼간택하였다. 혼례일은 日官이 정하도록 하여 6월 22일로 확정하였다.

당시의 상황을 일자별로 정리하면 다음과 같다.

* 왕실 혼인의 절차(영조대의 일정)
1) 간택: 신부 후보 중에서 신부감을 선택함, 대개 3차에 걸친 간택의 과정을 거침.
   1차: 6~10명, 2차: 3명, 3차: 1명을 선발한다.(삼간택: 6월 9일)
2) 육례의 절차
   ① 납채: 간택한 왕비에게 혼인의 징표인 교명문을 보내고 왕비가 이를 받아들이는 의식.(6월 13일)
   ② 납징(납폐): 혼인 성립의 징표로 폐물을 보내는 의식.(6월 17일)
   ③ 고기: 혼인 날짜를 잡는 의식.(6월 19일)
   ④ 책비(책빈): 왕비 또는 세자빈을 책봉하는 의식. 왕비가 혼례복인 적의를 입고 책명을 받는 자리로 나간다.(6월 20일)
   ⑤ 친영: 국왕이 별궁에 있는 왕비를 직접 맞이하러 가는 의식.(6월 22일)
   ⑥ 동뢰: 국왕이 왕비를 대궐에 모셔와 함께 절하고 술을 주고 받는 의식.(6월 22일)

* 간택과 정순왕후의 지혜

1925년 강효석이 편찬한 『대동기문(大東奇聞)』이라는 책에는 정순왕후가 왕비 후보자로 뽑혀 국왕인 영조 앞에 섰을 때의 일화를 소개하고 있다. 먼저 정순왕후는 다른 후보자들과는 달리 방석을 치우고 자리에 앉았는데 영조가 그 이유를 묻자 방석에 부친 이름이 적혀 있기 때문이라 답하였다. 당시 간택을 할 때 후보자의 위치를 구분하기 위하여 간택된 사람의 부친명을 의자의 방석에 적어 놓았던 것이다. 또 영조가 세상에서 가장 깊은 것이 무엇이냐고 묻자, 혹은 산이 깊다, 혹은 물이 깊다 하였지만, 정순왕후는 인심이 가장 깊다고 하였다. 영조가 그 이유를 묻자 '물건의 깊이는 가히 측량할 수 있지만 인심은 결코 그 깊이를 잴 수 없다'고 답하였다. 이어 영조가 꽃 중에는 어떤 것이 제일 좋으냐는 질문을 던졌다. 왕비 후보들은 저마다 복숭아꽃, 매화꽃, 모란꽃이라고 대답하였지만, 정순왕후만은 목화꽃이라고 답하고, '다른 꽃들은 모두 일시적으로 좋은데 불과하지만 오직 목면은 천하의 사람들을 따뜻하게 해주는 공이 있습니다'라고 그 이유를 들었다. 당시 비가 오고 있어는데, 국왕은 다시 후보들에게 궁궐의 월랑(月廊)의 수가 얼마냐는 질문을 던졌다. 후보들은 저마다 위를 보면서 손가락으로 하나, 둘, 셋,

넷의 숫자를 세웠지만, 정순왕후는 홀로 머리를 내리고 침묵하고 있었다. 국왕이 너는 알았느냐고 묻자, '처마 밑으로 떨어지는 빗줄기를 보면 행랑의 수를 알 수 있습니다'라고 대답하는 지혜를 보여주었다. 이처럼 간택을 받을 당시 정순왕후는 속이 깊고 지혜로운 규수의 면모를 보여 영조의 마음에 쏙 들었다는 일화가 『대동기문』에 전한다. 그런데 『대동기문』에는 또한 정순왕후가 왕비로 뽑힌 후에 상궁이 옷의 칫수를 재기 위해 잠시 돌아서 달라고 하자, 단호한 어조로 '네가 돌아서면 되지 않느냐'라고 추상같이 말하였다. 왕비로서의 체통을 그대로 지키고자 하는 정순왕후의 뜻이 나타난 것이었다. 지혜로움 속에 내재하는 추상같은 면모, 어쩌면 이런 모습이 세도정치기 폭풍의 중심에 있었던 정순왕후의 캐릭터가 아닐까?

삼간택에서 최종적으로 뽑힌 처녀가 부인궁으로 나갈 때 입는 옷은 비빈(妃嬪)의 대례복으로 거의 왕비의 위용을 갖추게 되었다. 삼간택에 뽑힌 규수는 별궁에 모셔졌다. 별궁은 예비 왕비가 미리 왕실의 법도를 배우는 공간의 기능과 함께 국왕이 친히 사가(私家)에 가는 부담을 덜어주는 기능을 하였다. 조선시대에 별궁으로 가장 많이 활용된 곳은 어의동 별궁이었으며, 고종과 명성황후의 가례시에는 대원군의 사저였던 운현궁이 별궁으로 사용되었다. 별궁에서의 왕비 수업은 경력이 있는 상궁의 지도하에 엄격하게 이루어졌다. 별궁은 사가의 여인이 일국의 왕비로 비상하는 공간이었던 만큼 왕비로서 갖추어야 할 교양, 예절, 품위 등을 체계적으로 교육받았다. 걸음걸이나 동작, 태도 등 궁중에서 갖추어야 할 예절이나, 『소학』 등의 유교 교양서들을 단기간에 학습할 것이 요구되었다. 『한중록』에서도 다음과 같이 혜경궁 홍씨가 영조에게 친히 『소학』을 받아 공부했음을 보여주는 기록이 있다. "궐내에 들어와 경춘전에 쉬었다가 통명전에 올라가 삼전(영조, 인원왕후, 정성왕후)께 뵈었다. … 날이 저물었기 재촉하여 삼전께 사배하고 별궁으로 나오니, 대왕께서 가마타는 곳까지 친히 오셔서 내 손을 잡으시고 '잘 있다 오너라 『소학』을 보낼 것이니, 아비에게 배우고 잘 지내다가 들어와라' 하오시며 못내 귀여워하심을 받잡고 궁중에서 물러나오니 날이 저물어 불을 켰다" 궁중예법은 그 절차가 특히나 까다로와서 육체적으로도 큰 고통이 따랐다. 한 예로 혼례시 대례복 차림을 한 왕비에게 장식되는 어여머리와 장신구는 무척이나 무거웠다고 한다. 그리고 조선말기 마지막 궁녀였던 사람들의 증언에 의하면, 영친왕의 왕비인 윤비가 별궁생활의 혹독함을 여러번 이야기했다고 한다. 이러한 정황들을 고려한다면 별궁 생활은 무척이나 힘든 정신적, 육체적인 인내가 요구되었을 것이다. 삼간택에 최종적으로 선발된 왕비는 그 기쁨을 채 만끽하기도 전에 혹독한 별궁생활을 통하여 왕비의 길이 보랏빛 장래만 보장하는 화려한 길이 아니라 고통과 인내가 수반되는 험한 여정임을 미리 실감하지는 않았을까?

5. 반차도로 보는 영조 혼례식 행렬의 이모저모

조선시대 왕실 혼인의 규모와 대체적인 모습을 파악하는 데는 반차도(班次圖)가 가장 유용하다. 반차도는 혼례식의 주요 장면을 그림으로 표현한 것으로서, 오늘날 결혼식 기념사진 또는 영상물과 같은 성격을 띠고 있다. 반차도를 통해 참여인원이라든가, 의장기의 모습, 가마의 배치 등 결혼식 현장의 생생한 모습들을 접할 수 있는데, 마치 당시의 결혼식에 직접 참석하고 있는 듯한 느낌을 안겨준다.

반차도는 행사 당일에 그린 것은 아니었다. 행사 전에 참여인원과 물품을 미리 그려서 실제 행사 때 최대한 잘못을 줄이는 기능을 하였다. 반차도는 오늘날 국가 행사나 군대의 작전 때 미리 실시하는 도상 연습과도 같은 성격을 띤다고 할 수 있는 것이다. 영조와 정순왕후 결혼식의 경우 친영일은 6월 22일이었지만 친영의 모습을 담은 반차도는 6월 14일날 이미 제작되어 국왕에게 바쳐진 것으로 기록되어 있다.

『영조정순왕후 가례도감의궤』의 반차도에는 모두 국왕이 별궁에 있는 왕비를 맞이하러 가는 친영 때의 모습을 담고 있다. 친영을 가례의 하이라이트라고 여긴 때문이다. 반차도에는 국왕의 대가(大駕) 앞을 호위하는 선상(先廂)과 전사대(前射隊)를 비롯하여 주인공인 왕비와 국왕의 가마 이들을 후미에서 호위하는 후상(後廂), 후사대(後射隊) 등과 행사에 참여한 고위관료, 호위 병력, 궁중의 상궁, 내시를 비롯하여 행렬의 분위기를 고취하는 악대, 행렬의 분위기를 잡는 뇌군(헌병) 등 각종 신분의 인물들이 자신의 임무와 역할에 따라 위치를 정하여 행진한다. 이들 중에는 말을 탄 인물의 모습도 보이고 걸어가는 인물의 모습도 나타난다. 여성들의 모습도 상당한 비중을 차지한다. 말을 탄 상궁을 비롯하여 침선비 등 궁궐의 하위직 여성들의 모습까지 다양하다.

행렬의 분위기를 한껏 높이는 의장기의 모습도 흥미롭다. 행렬의 선두가 들고 가는 교룡기와 둑(纛)을 비롯하여 각종 깃발과 양산, 부채류는 당시 왕실의 권위를 상징해 주고 있다. 수백명이 대열을 이루어가는 이 행렬은 바로 당시의 국력과 문화수준을 보여주는 최대의 축제 퍼레이드였다. 그리고 이 행렬의 모습을 오늘날에도 현장 그대로의 모습으로 볼 수 있다는 것이 우리에겐 얼마나 큰 행운인가?

반차도는 크게 두 부분으로 구성되어 있다. 앞부분에는 왕의 행차를 뒷부분에는 왕비의 행차를 그렸다. 王의 연은 임시 가마인 부연(副輦) 다음에 배치되어 있으며, 왕비의 연 앞에는 왕비의 책봉과 관계된 교명(敎命)·옥책(玉冊)·금보(金寶)·명복(命服)를 실은 교명요여, 옥책요여, 금보요여, 명복채여가 따르고 있으며 왕비의 연은 그림의 말미에 위치해 있다. 왕과 왕비의 가마 전후에는 전사대와 후사대가 따르고 있다. 왕의 연은 사방을 열어 놓아 내부를 볼 수 있게 하였으며, 왕비의 연은 내부를 볼 수 없게 하였다.

반차도에 나타난 행렬의 인물들은 화면의 중심을 이루는 왕과 왕비의 가마를 중심으로 하여 후면도, 좌측면도, 우측면도의 다양한 기법으로 그려져 있다. 반차도는 한 각도에서 잡은 그림보다 훨씬 입체적으로 보인다. 사람들의 행렬이 정지하고 있는 모습이 아니라 역동적으로 움직이고 있는 느낌을 갖게 하는 것이다. 오늘날로 치면 카메라를 여러 각도에서 잡음으로써 현장의 모습을 보다 생생하게 보여주는 것과 같다. 『영조정순왕후가례도감의궤』의 반차도를 통해 영조와 정순왕후의 혼례식은 우리에게 더욱 생생하게 다가오고 있다.

명화 읽어주는 박물관

풍속화에 나타난
조선시대 사람의 삶과 사랑

강명관 부산대 한문학과 교수

풍속화에 나타난
조선시대 사람의 삶과 사랑

1.

풍속화는 문자 그대로 풍속을 그린 그림이다. 또는 俗畵라고
도 한다. 세속을 그린 그림이라는 뜻이다. 그 정의는 이렇게 간
단하지만, 따져야 할 문제들은 산적해 있다. 다만 한 가지 확실
하게 말할 수 있는 것은, 풍속화가 인간의 모습을 화폭 전면에
채우는 그림이라는 사실이다. 달리 말하면 풍속화는 인간을 그
림의 중심에 놓는다는 말이다. 인간이 그림의 중심이 된다는 것
이 무슨 의미냐고 되물을 수 있다. 생각해 보라. 오늘날 우리가
이런 저런 기회에 접하는 그림 중 인간의 모습이 화면의 대부분
을 차지하는 작품은 생각보다 많지 않다. 우리의 일상적인 모습
이라면 더더욱 그렇다. 남편의 적은 수입에 대해 넋두리를 늘어
놓거나 자식들의 성적표에 분노 내지 허탈감을 느끼는 아내, 오
로지 口腹을 위해 출퇴근 전쟁을 벌이는 남·여, 직장 상사로부
터 핀잔을 듣는 사내, 성희롱을 당하는 여성, 포장마차에서 소주
잔을 입에 털어 넣고, 갈빗집에서 수입산 쇠고기를 씹고, 한데
어울려 고스톱을 치고, 인터넷 증권거래에 빠지거나 홀로 야동
에 열중하는 우리의 일상은 그림에 등장하지 않는 것이다. 나는
개인적으로 이러한 현상, 곧 회화에서 일상의 배제야말로 정말
이상한 일이라고 느낀다.

우리가 앞으로 읽을 조선후기 풍속화는 뜻밖에도 인간의 현세적·일상적 모습을 중심제재로 삼고 있다. 소로 밭을 갈고 타작을 하고 물고기를 잡고 짚신을 삼는 생산 현장에서부터, 술을 마시고 기방에 드나들고 도박을 벌이는 유흥의 현장, 그리고 급기야 인간의 가장 은밀한 행위인 섹스까지 숨김없이 화폭에 옮긴다. 그림 속의 인물도 사뭇 달라졌다. 조선 사회가 양반관료 사회이니만큼 양반들의 생활이 그려지는 것은 당연하겠지만, 풍속화에 등장하는 인물의 주류는 이미 양반이 아니다. 농민과 어민, 그리고 별감·포교·나장·기생·뚜쟁이 할미까지 도시의 온갖 인간들이 등장한다. 점잖은 양반네들을 그리던 초상화와는 얼마나 달라졌는가! 풍속화를 통하여 우리는 양반이 아닌 '인간' 들을 비로소 만나게 된 것이다. 이뿐이랴? 여성이 그림에 등장하는 것도 풍속화의 시대에 와서이다.

풍속화의 제재는 대단히 많다. 이제 그 중에서 조선사람들의 사랑과 성을 다룬 작품을 감상해 보자!

2.

그림을 보기에 앞서 잠시 조선시대 사람들의 사랑과 성에 관한 이야기를 해 보자.

조선시대 여성 중 어우동만큼 널리 알려진 여성은 드물 것이다. 하지만 '어우동' 현상에 대한 학문적 접근을 본 적은 없다. 어우동을 부각시켜 드러내는 시각은 현대인의 성관념이다. 현대인의 성은 억압되어 있지만[1] 스스로는 성의 자유―이 어휘는 종종

---

1) 사실 극소수 고립된 사회를 제외하고 성은 늘 억압되어 있다. 다만 억압의 양상만이 다를 뿐이다.

'방종'으로 대치되기도 한다—를 누린다고 믿는다. 자유스러운 성욕은 자신과 동일한 형태를 과거에서 발견함으로써, 스스로에게 정당성을 부여하려고 한다. 어우동에게서 이른바 '성리학'에 저항하는 포즈를 찾아내려고 하는 것은, 어우동의 행위를 반중세적 투쟁으로 보기 때문이다. 과연 그러한가.

어우동만이 아니라, 甘同도 있다. 중종 이전의『조선왕조실록』을 읽어보면 아마도 무수한 어우동과 감동의 존재를 확인할 터이다. 만약 이것을 여성의 성적 자유 혹은 방종이라 규정한다면, 그것은 동시에 남성의 성적 자유와 방종이기도 하다. 성은 반드시 짝을 필요로 하기 때문이다(여기에도 남성중심주의가 작동한다). 어우동의 존재는, 성적 억압에 저항하여 성적 자유를 구가한 여성의 출현이 아니다. 그것은 그 시기 성적 욕망의 자연적 존재 양태일 뿐이다. 그것을 '저항과 자유'로 규정하는 것은 현대이고, '음란'으로 규정한 것은 조선조의 가부장제이다.

주지하다시피 1392년 조선의 성립은, 성리학을 국가이데올로기로 삼는 유교사회의 건설을 지향하였고, 그 과정은 오랜 시간을 소요했다. 다만 성리학은 성적 절제(곧 억압으로 나타나는)를 말하기는 하지만, 억압의 논리 자체를 체계화하고 있지는 않다. 기독교의 경우, 성적 결합 자체를 부정한 것으로 보는 경향이 있지만, 세속 종교인 유교는 성적 욕망에 대해서 엄밀하고 자세한 經典的 규정을 만들지 않았다. 금기시 되어야 할 것은 앞에서도 확인했듯, 성적 욕망의 과잉과 그것의 실현을 말한다. '과잉'의 경계는 실로 모호하다. 하지만 유교가 규정하는 과잉의 최소한의 경계는 명백하다. 그 최소한의 경계란 宗法制에 입각한 가부장적 가족 - 친족제도를 위협하는 성적 행위를 실현하는 것이다.

가부장적 가족 - 친족제도의 실현은 윤리적 외피를 쓰고 있지만, 그것이 지향하는 바는 남성의 성욕의 일방적 관철과 여성 성욕의 일방적 禁壓이다. 그러나 가부장적 가족 - 친족제도의 성적 욕망은 단지 언어적 형태로만 존재했을 뿐, 그것이 완벽하게 실현된 적은 없었다. 다시 말해 종법제에 입각한 가부장제 내지는 남성중심주의는 그것을 만들어낸 중국에서도 결코 실현된 적이 없었던 것이다. 하지만 1392년 조선이 건국되어 가부장적 가족 - 친족제도는 실제 사회 속에 구현되기 시작하였다. 주지하다시피 고려는 兩側的 가족 - 친족제도가 성립해 있었으니, 조선의 건국자들은 이 兩側的 친족제도를 宗法制에 입각한 가부장적 가족 - 친족제도로 바꾸고자 하였다. 사회의 가장 기초적인 가족 - 친족제도의 변화를 통해 사회 전체를, 가부장적 지배 구조로 변환하는 것이 사대부들의 목적이었다.

이 변환의 구체적 실현 양태는 여성의 사회적 지위를 하향 조정하여 영원히 남성 권력의 지배 아래에 두는 것, 즉 여성의 남성에 대한 종속성을 내면화하고, 영구화하는 것이었다. 이것은 법적 제도적인 억압을 동반하면서, 궁극적으로는 윤리의 이름, 곧 진리의 이름으로 '여성의 윤리적 주체'를 제작하는 것이었다.

남성과 여성의 관계는 性的 관계이기 때문에 가부장제는 당연히 성적 관계의 전환을 시도했다. 그 최초의 증거가 고려 말에 李崇仁 등에 의해 쓰인 3편의 節婦傳, 그리고 『고려사』 열전의 烈女傳이다. 그것은 가부장제의 성적 담론이 의도한 여성 - 남성 관계의 새로운 설정의 시작이다. 節婦(혹은 烈女)는 사회적으로 공인되는(혹은 심리적으로 여성이 설정한) 유일한 남성과의 성적 결합 외에 일체의 성관계를 부도덕한 것으로 거부하는 여성을 뜻한다. 곧 절부를 규정하는 '節行'은 곧 여성의 남성에 대한 '性的 從屬性'의 실천이다. 원래 절부는 義夫와 한 세트로서 고려시대에 표창되었다. 하지만 조선시대에 와서 의부는 사라졌다. 『經國大典』은 원래 孝子 · 順孫 · 義夫 · 節婦란 표창 대상에서 의

부를 제외하고 효자·순손·절부로 바꾼다. 이것은 남성의 여성에 대한 성적 지배가 본격화되고 있음을 의미한다.

여성의 남성에 대한 성적 종속성을 가장 안전하고 완벽한 형태로 실천케 하는 방략은 곧 그 행위를 윤리화하는 것이다. 세종 13년(1431)에 편집된『三綱行實圖』「烈女篇」의 간행은 바로 그 성적 종속성의 윤리화를 구체화하는 시작이었다. 이 텍스트는 열행의 방법을 제시했고, 그 결과 이 텍스트로 인해 절부에서 열녀로의 이행이 본격화되었다. 열녀는 열행을 실천한 여성이다. 열행은 절행의 특수한 형태로서, 유일한 남성에 대한 여성의 성적 종속성의 실천, 곧 절행이 수행된 방식이 비일상적인 비범한 행위로서 이루어진 경우를 말한다. 그 비범한 행위란 대체로 여성의 '自己 加虐的 身體 毁損'(때로는 신체 전부)이라는 것을 의미한다. 여성이 남성을 따라 죽는 것은 신체 전부를 훼손하는 것이다.

이상하게 들릴지 모르겠지만, 조선의 지배계급인 사대부는 '愚民的 敎化論'을 펼치면서 그 방편으로 출판을 이용했다.『삼강행실도』「열녀편」이 성종 때 국문으로 번역되고, 중종조에 와서 己卯士林들에 의해 최대의 부수가 발행되었으며, 그 冊版이 전국에 고루 있었다는 것은, 가부장제가 국가가 장악한 출판 기구를 통해 여성을 의식화하고자 적극적인 노력을 하였다는 증거다. 여기에 旌閭政策 역시 크게 작용하였다. 이런 법적 제도적 장치와 정책의 실천은, 곧 가부장제가 여성의 性을 관리하겠다는 것을 의미했다. 여성의 性은 생식(출산)과 쾌락으로 분리되었으며, 여성이 성에서 쾌락을 추구하는 어떤 행동을 하거나 언어를 내뱉는 것은 모두 '음란'으로 규정되었다.

여성의 성을 관리하여 오직 출산에 묶어두는 것, 그것도 남아의 출산에 집중하여 묶어두는 것은, 여성의 사회적, 경제적 기반을 박탈하는 것과 동시에 이루어졌다. 고려 이래 조선의 상속제는 子女均分相續이었다. 이것이 17세기를 통과하면서 長子優待不均等相續으로 바뀐다. 조선전기 결혼은 婦處制가 일반적이었으니, 남성은 결혼 이후 여성의 집으로 '장가가서' 자녀를 낳고 길렀다. 남편이 사망하였을 경우, 여성의 재혼(그리고 三婚까지)은 아무런 제한이 없었다. 이런 조건들은 상대적으로 우월한 여성의 사회적 지위를 보장하였다. 어우동을 위시한 조선 전기 여성의 성적 자유는 바로 이런 사회적 조건에 근거하고 있었다. 그러나 17세기 중반 상속제와 결혼 후 거주제에 변화가 일어나면서 여성은 종법제적 가부장제에 포획되었다. 이 과정에서 남성은 『경국대전』에 再嫁한 여성의 자녀에게 불이익을 주기로 하는 법령을 싣고, 여성의 재혼을 비윤리적, 부도덕한 행위로 낙인찍고, 성적 종속성을 실천하지 않는 여성의 모든 성적 행위를 음란으로 규정하였다.

이 과정은 생각만큼 빠른 속도로 진행되지는 않았다. 사실상 임진왜란 이전까지 2백년 동안 여성은 쉽사리 가부장제에 포획되지 않았다. 그러나 두 차례의 전쟁이 결정적인 작용을 하였다. 여성문제와 관련하자면, 임진왜란으로 인한 수많은 여성의 죽음이 있었던 바, 체제는 그들을 모두 '열녀'로 제작하고, 정려하였다. 광해군 때 엮어진 거질의 『東國新續三綱行實圖』는 바로 그 증거물이다. 병자호란 이후 披露된 여성은 뒷날 贖還되었으나, 谿谷 張維의 발의를 기화로 하여 모두 性的으로 오염된 여성으로 인식되어 가문에서 축출되는 비극적인 사건이 일어났다. 두 전쟁을 남성들은 여성들을 가부장제로 완벽하게 포획하는 결정적인 기회로 삼았던 것이다.

임병양란 이후 성리학에 입각한 조선의 유교사회로의 전면적인 전환은 도덕의 사회화라고 말할 수 있으나, 여성 - 남성의 관

계에서 본다면, 그것은 남성의 여성에 대한 성적 지배 권력의 일
방적 강화를 의미하는 것이었다. 여성의 남성에 대한 성적 종속
성의 과격한 실천, 곧 여성의 신체를 훼손하는 것, 나아가 여성
의 죽음으로써만 여성의 도덕성을 입증하는 열행과 열녀는 17세
기 중반 이후 폭발적으로 증가했던 것이다. 이것은 곧 여성의 성
욕 자체를 부도덕으로 몰면서 봉쇄하고자 하는 것이었다. 하지
만 남성의 성적 욕망은 제도적으로 관철될 수 있었다. 가부장제
는 여성의 성욕, 여성의 성적 쾌락을 음란, 곧 부도덕으로 규정
하는 한편, 남성의 성적 욕망은 가족제도 너머에 있는 蓄妾制와
妓女制度, 그리고 奴婢制를 통해 여종의 性을 수탈함으로써 충
족시킬 수 있었다.

3.

　앞서 살핀 바와 같이 유교의 성담론과 가부장제의 제도화는
여성의 성을 억압하는 방향으로 진행되었다. 하지만 성담론과
제도는 남성에게도 성욕의 절제를 요구하였다. 남성은 여기에
부응하였다. 하지만 그 절제는 정식의 결혼 관계 속에서만 실천
되는 것이었다. 담론의 억압 이면에는 억압을 일탈하려는 성적
욕망이 있다. 앞에서 잠깐 언급한 바와 같이 남성은 축첩제와 기
녀제도를 통해 그것을 충족시켰다. 예컨대 왜 결혼하였음에도
불구하고 기생과의 성관계에 몰두하느냐는 아내의 질문에 "아내
와는 예의를 지켜야 하는 관계지만, 기생과는 '情欲'과 '淫戲'를
마음대로 할 수 있다"는 남편의 대답은 윤리적 성담론의 억압 아
래에 있는 성적 욕망의 존재를 나타낸다.
　기녀를 성적 욕망의 표출 대상으로 삼는다는 말은 곧 가부장

제의 근엄한 표정의 성담론의 억압이 실제 남성의 성욕을 억압하고 있음을 의미한다. 따라서 남성의 성적 욕망은 탈출하려 하며 성적 욕망의 표출이 가능한 공간과 시간을 찾는다. 남성에게만 제도로 허락된 그 공간과 시간이 바로 축첩제와 기녀제가 제공하는 공간과 시간이다. 이런 제도화는 결국 성적 욕망의 표출이 가능한 공간/시간과 불가능한 공간/시간이란 이중적 시공간을 만든다.

成汝學의『禦眠楯』에 실린 이 이야기는 文語의 성담론이 억압하는 성적 욕망이, 담론이 요구하는 倫理的 방법, 곧 혼인이 아닌 기녀제도를 통해서 스스로를 충족시키고 있다는 것을 의미한다. 아울러 여기서 주목해야 할 것은 이 이야기가 전달되는 방식이다. 이것은 창작이 아니라, 採錄이다. 즉 구비적 형태로 떠돌던 이야기를 채록한 것이다. 곧 이 이야기는 구비적 리얼리티를 전하고 있는 것이다. 농사일을 하면서 농민들이 성적 농담을 늘어놓거나,[2] 양반들 사이에 성기의 크기와 성행위의 기교 둘 중 어느 쪽이 여성에게 쾌락을 주는가에 따른 논쟁이 벌어졌다는 것,[3] 그리고 그것을 채록한다는 것은, 구비적 상태에서 성적 욕망이 드러나고 있다는 것을 뜻한다. 이것은 곧 앞서 말한 시간과 공간의 이중성이 언어의 영역에도 동일하게 관철된다는 것을 의미한다. 예컨대 文語(漢文)의 차원, 즉 규범적 문학에서 성적 욕망의 표출은 불가능해진다. 말하자면 정통 한문학의 장르에서 성적 욕망은 표출될 수 없는 것이다. 그것은 도리어 대부분 '열녀전'처럼 성적 욕망을 억압하는 쪽으로 기능한다. 성담론의 억압 대상인 성적 욕망은, 오직 구비적 상태에 존재하며 자신의 모

---

2) 宋世琳,「無敵耘田」,『禦眠楯』.
3) 成汝學,「老妓判決」,『續禦眠楯』.

습을 드러낸다. 구비적 텍스트는 휘발성이 특징이다. 그것은 시
간과 함께 사라진다. 때문에 구비적 텍스트는 저자가 존재하지
않거나 겨우 존재하며, 존재한다면 채록자로서 존재한다. 그것
은 저자가 존재하지 않는 多衆의 발언이며, 다중의 욕망의 言表
다. 이 구비적 발언은 익명성 때문에 욕망을 그대로 드러낸다.

　이러한 구비적 텍스트에서 우리는 성담론의 건너편에서, 성
담론의 억압으로 인해 괴로워하거나 변형되거나, 성담론으로부
터 멀찍이 떨어져 냉담하거나, 혹은 성담론을 조롱하는 성적 욕
망과 그 욕망의 실현을 보게 될 것이다. 조선사회의 성적 리얼리
티는 바로 성담론 자체로부터 출발하여, 성담론의 압력으로 변
형되거나, 혹은 조롱하거나 자신을 실현하는 그 과정의 스텍트
럼 전체이다. 성담론이 리얼리티거나 성적 욕망 자체가 리얼리
티가 아니다. 그것은 담론과 욕망의 복잡한 상호관계 전체가 리
얼리티일 것이다.

　그러나 어쨌건 우리가 먼저 검토해야 할 것은 구비적 양태로
존재하는 성적 욕망 그 자체다. 구비적 텍스트의 존재는 다양하
다. 첫째 민요, 둘째 사설시조와 평시조의 일부와 같은 구비적 속
성을 갖는 가요, 셋째 문언으로 정착한 서사 텍스트들이다. 민요
의 경우 역시 성적 욕망을 드러냄은 말할 필요조차 없다. 그러나
민요는 그 연대를 측정하기 어렵다. 사설시조는 말할 것도 없다.
사설시조는 "色 같이 좋은 것을 그 뉘라서 말리는고?"(『珍本 靑
丘永言』)라고 하는가 하면, 어떤 여성 화자는 "간밤에 자고 간 놈
아마도 못 잊을다"(『六堂本 靑丘永言』)라고 성적 욕망을 직설적
으로 토로한다. 그것은 아마도 유흥석상이었을 것이다.

　성적 욕망의 상태를 가장 선명하게 드러내는 것은 서사 텍스
트들이다. 姜希孟의 『村談解頤』, 徐居正의 『太平閑話滑稽傳』, 宋
世琳의 『禦眠楯』, 成汝學의 『續禦眠楯』으로부터 조선후기 洪萬

宗의『蕘葉志諧』, 張漢宗의『禦睡新話』, 그리고 필자 미상의『破
睡錄』,『奇聞』,『醒叟稗說』등의 수많은 텍스트들은, 거개 구비적
서사물을 채록한 것들이다. 이 구비적 텍스트들은, 규범적 문언
텍스트와는 달리 성적 욕망과 성의 리얼리티를 가감 없이 드러낸
다. 여기에는 강간, 간통, 和姦 등의 가부장제와 일부일처제를 일
탈하는 다양한 성적 관계들이 망라되어 있다. 이것은 성의 리얼
리티가 담론의 차원과는 사뭇 다른 차원에서 작동하고 있음을 의
미한다. 여성의 경우, 성담론의 억압에도 불구하고, 성적 욕망은
여전히 작동한다. 어우동이 사형을 당했을 때 이런 말이 있었다.

적지 않은 사람들이 어을우동의 어미 鄭氏도 淫行이 있을 것이라 의심
하였다. 그 어미가 일찍이 "사람이라면 누군들 정욕이 없겠는가. 내 딸
이 남자에게 혹하는 것이 다만 너무 심할 뿐이다."라고 했기 때문이다.

정씨의 말은 성욕이 보편적인 것임을, 그리고 지울 수 없는
것임을 강변한다. 이처럼 성욕은 죽음의 권력을 넘어서 존재하
는 것이다. 다음과 같은 이야기들, 곧 평소 알고 지내는 승려의
계교와 협박에 처녀 시절 간통한 남성들을 모두 털어놓는 기혼
여성의 사례는, 윤리적 사회를 지향하는 조선 사회의 이면에서
는 전혀 윤리로 통제되지 않는 성적 공간이 있다는 것을 드러낸
다. 그런가 하면 과부가 통제할 수 없는 성욕을 기구를 이용한
자위로 해결하는 적나라한 현장이 나타나 있는가 하면, 또 성욕
에 시달리는 과부가 과도한 자위로 병을 얻어 결국 재혼하는 모
습을 여과 없이 보여준다. 열녀에 대한 찬미는 도덕의 이름으로
죽음을 통한 성욕의 억제를 찬양했지만, 살아 있는 신체의 성욕
은 궁극적으로 수음이든지 아니면 재혼으로 충족되어야 했던 것
이다. 아내가 남편의 성기 크기를 묻는 여러 이야기가 전해지는

것 역시, 성적 정보로부터 차단된 폐쇄된 가족구조 내에서의 여
성 성욕의 존재와 표출을 의미한다.

채록된 구비적 서사 텍스트에 나타나는, 쾌락을 추구하는 성
적 방법은 실로 다양하다. 그 성적 쾌락의 방법은, 搖本 · 甘唱
따위의 테크닉과 마스터베이션, 동성애, 동물애(獸姦), 구강성
교, 새디즘 등 현대의 거의 모든 성적 행위들을 포괄한다. 기독
교 문명은 이런 성행위를 죄악시 하지만, 적어도 이런 이야기를
전하는 문헌들은 그것을 죄악이나 부도덕으로 인식하지 않는다.
다만 정상을 약간 이탈했다는 정도의 의미만을 가질 뿐이다. 이
런 성행위 방법들의 일반화 정도를 우리는 알 수 없다. 이것은
앞으로 아마 정밀한 고찰을 요할 것이다.[4]

그렇다면 조선에서는 왜 채록된 구비적 텍스트에서만 성적
욕망이 드러났던가? 중국이나 일본, 서구의 경우 이에 해당하
는 순수한 문어 텍스트가 존재한다. 사드의『소돔120일』,『규방
철학』과 같은 텍스트, 중국에서의『金甁梅』를 위시한 일련의 誨
淫小說의 존재는 조선에서는 찾을 수 없는 것이다. 이것은 조선
이 유교사회로의 전환이라는 사건을 지속적으로 경험하고 있었
고, 유교사회로의 전환이 17세기 중반 이후에 본격화되었기 때
문이었다. 즉 그런 텍스트를 창출할 지식인 계급이 17세기 중반
이후 성리학에 완전히 의식화되었기에 더더욱 그런 텍스트를 만
들어낼 수 없었던 것이다. 그들은 다만 채록했을 뿐이고, 채록된
텍스트를 문집에 올리지 않았다. 즉 B급 텍스트로 여겼던 것이
다. 아울러 그런 텍스트를 소비할 시장이 존재하지 않았다는 것,
즉 이런 텍스트들은 사회 속에서 생산하여 인쇄, 출판 과정을 통

---

4) 인간의 성행위가 갖는 다양성과 복잡성, 그리고 예상과는 극히 다른 성적 행위가
통계학적으로 알려진 것은 킨지보고서(1948, 1953)에 와서이다.

해 소비되지만, 조선시대는 인쇄, 출판의 시스템을 국가가 거의 독점하기 때문에 그럴 가능성이 없다. 가장 큰 문제는 그럴 만한 독서, 지식 시장이 존재하지 않았다는 것이다. 여기에 덧붙일 것은, 그런 방면의 작품들은 이미 북경의 서적 시장에서 공급되고 있었고, 그것을 원전으로 읽는 독자들이 서울의 일부 사대부에 한정되어 있었다는 것도 이유가 될 터이다.

4.

끝으로 조선후기의 春畫에 대해 약간 언급해 둔다.[5] 춘화(조각 포함)의 존재는 李圭景이 『五洲衍文長箋散稿』에서 말했듯, 인조조를 넘어서지는 않는다.[6] 이후 金昌業의 『燕行日記』를 보면, 춘화를 팔러 찾아온 중국 秀才를 타박하는 이야기가 있다.[7] 이것으로 보아 김창업의 연행 시(1712년)에는 이미 춘화가 양반들 사이에 널리 알려져 있었다고 보아야 할 것이다. 춘화는 조선후기 중국에서 수입된 『金甁梅』류의 소설들이 조선의 문단에 영향을 주었던 것처럼, 이후 북경 시장에서 다수 수입되고 또 복제되거나 창작된 것으로 보인다. 『금병매』는 성행위 장면을 도판으로 싣고 있기도 한데, 18세기 후반 『금병매』를 읽지 않는 것을 수치로 여겼다 하니, 춘화의 존재는 시정에 널리 알려졌던 것이다. 조선의 춘화는 「漢陽歌」의 廣通橋 그림 시장에 의하면 광통교에서 팔린 것으로 보인다. 『춘향전』에도 춘향의 집 그림을 열거하

---

5) 성행위의 도상은 오랜 역사를 갖는다. 선사시대까지 소급한다. 한국사에서도 그림의 형태는 아닐지라도 민속학적인 차원에서 여러 조각물들이 있다.
6) 李圭景, 『漢畫春情辨證說』, 『五洲衍文長箋散稿』下, 明文堂, 1982, p.12.
7) 『老稼齋燕行日記』권3, 임진년 12월 23일.

면서 別春畫圖를 말하고 있으니, 19세기에 와서는 꽤나 대중적
으로 보급되었던 모양이다.

조선의 춘화는 현재 알려진 것으로만 보아서는 상당히 높은
수준이다. 檀園과 蕙園의 것으로 알려진 작품은 특히 더 그렇다.
다만 조선의 춘화는 분위기 중심적이고 격이 상당히 높다. 그것
은 통계학적 수준에서 볼 때 보편적 형태의 성적 행위들을 제재
로 삼고 있을 뿐이다. 이 점은 프랑스의 포느로그라피처럼 정치
성을 갖거나, 일본의 浮世繪처럼 과장적, 일탈적 행위에 집중하
지 않는다. 또 중국의 그것처럼 지나치게 色情的 분위기도 연출
하지 않는다. 이 점에 대해서는 앞으로 보다 깊은 고찰이 있어야
할 것이다. 끝으로 지적하고 싶은 것은, 춘화와 같은 새로운 장
르의 회화는 분명 외부의 자극, 즉 중국으로부터의 수입이 촉발
한 현상이라는 것이다. 내부의 어떤 변화에 의해서 춘화가 생긴
것이 아니라, 외부의 충격에 의해 생긴 것이다.

서설이 길고 지루했다. 이제 그림 속으로 정말 떠나보자.

조선 산천을 사랑한
천재화가 겸재 정선

이광표 동아일보 정책사회 부장

▲ 정선, <비로봉도(毘盧峰圖)>, 18세기, 종이에 수묵, 100×47.4cm, 개인소장

조선 산천을 사랑한 천재화가 겸재 정선

1. 우리 산천을 사랑했던 18세기 조선

　조선시대 18세기 시인 묵객들 사이에선 국토 유람이 일대 유행이었다. 그들은 곳곳의 산하를 직접 둘러보고 그 모습과 느낌을 글과 그림으로 남기곤 했다. 그 가운데 가장 인기 있는 곳은 금강산이었다. 금강산은 이미 우리 민족의 영산(靈山)이었기 때문이다.

　금강산 글과 그림을 남긴 사람들 가운데 단연 돋보이는 인물은 겸재 정선(謙齋 鄭敾, 1676~1759)이다. 겸재 정선은 한양의 북악산(당시 이름은 백악산) 자락, 그러니까 지금의 서울 종로구 청운동에서 태어났다. 서울 한양도성 바로 안쪽 북악산과 인왕산이 마주하고 있는 곳. 인왕의 거대한 바위와 북악의 우뚝 솟은 봉우리는 지금도 서울 도심 곳곳에서 한 눈에 들어온다. 하물며 높은 건물이 없던 조선시대에는 어떠했을까. 인왕과 북악의 위용은 더 장엄했을 것이다. 인왕과 북악은 한양의 상징이었다. 바위처럼 늘 변함없고 산처럼 늘 우직하게 살고 싶었던 조선시대 선비 문인들에게 인왕과 북악이야말로 더더욱 경외의 대상이 아닐 수 없었다. 우리 산하에 대한 정선의 관심은 이렇게 어린 시절부터 쌓여갔을 것이다. 저 나무와 바위를 어떻게 표현할 것인지, 인왕과 북악을 사생(寫生)하면서 무수히 연습하고 고민했을 것이다.

겸재가 관심을 둔 우리 산하는 한두 곳이 아니다. 자신이 살았던 인왕산과 북악산 일대는 물론이고 금강산, 동해안의 관동팔경, 서울 근교의 명승 등등. 경기도 양천현령으로 부임했을 때에는 한강을 따라 서울 근교의 풍경을 그렸고, 경상도 청하현감으로 일할 때는 포항의 산하를 탐승하면서 열심히 그렸다. 또한 고려의 흔적, 개성을 찾아 박연폭포를 화폭에 옮기기도 했다.

겸재가 둘러보고 그림으로 옮긴 우리 산하는 드넓기만 하다. 그의 산수화 제목만 거론해보더라도 쉽게 짐작할 수 있다. 금강산을 여행하고 그린 『신묘년풍악도첩(辛卯年楓岳圖帖)』과 『해악전신첩(海岳傳神帖)』, 서울근교와 한강변의 풍경을 시적으로 표현한 『경교명승첩(京郊名勝帖)』, 서울 인왕산과 북악산 명승을 담아낸 『장동팔경첩(壯洞八景帖)』, 동해 관동팔경을 시원하게 담아낸 『관동명승첩(關東名勝帖)』…. 화첩에 수록된 그림을 포함해 개별 작품으로 눈을 돌리면 그 숫자는 더욱 늘어난다. 금강산을 화폭으로 당당하게 불러낸 〈금강내산총도(金剛內山摠圖)〉, 〈단발령망금강도(斷髮嶺望金剛山圖)〉, 〈장안사도(長安寺圖)〉, 〈정양사도(正陽寺圖)〉, 〈만폭동도(萬瀑洞圖)〉, 〈구룡폭도(九龍瀑圖)〉, 〈비로봉도(毘盧峰圖)〉, 〈금강전도(金剛全圖)〉를 비롯해 서울 인왕산과 북악산 일대를 탐승한 문기(文氣)어린 〈인왕제색도(仁王霽色圖)〉, 〈청풍계도(淸風溪圖)〉, 〈세검정도(洗劍亭圖)〉, 〈백운동도(白雲洞圖)〉 등 서울 근교의 모습을 그린 〈압구정도(狎鷗亭圖)〉, 〈광진도(廣津圖)〉, 〈송파진도(松坡津圖)〉 등, 경상도 일대 역사의 흔적이 깊게 남아 있는 〈도산서원도(陶山書院圖)〉, 〈성류굴도(聖留窟圖)〉, 〈해인사도(海印寺圖)〉 그리고 개성 박연폭포 그림에 이르기까지. 겸재의 시선은 우리 국토 곳곳에 두루 미쳤다. 산과 바다 뿐만 아니라 수목(樹

木)과 초화(草花)도 많이 그렸다. 〈사직단송도(社稷壇松圖)〉, 〈
노송영지도(老松靈芝圖)〉, 〈함흥본궁송도(咸興本宮松圖)〉 등등.

그저 단순히 산수화를 그리고자 했다면 저렇게 많은 명작을
만들어내지 못했을 것이다. 그 이상의 무엇이 있었기 때문이다.
그건 다름아닌 우리 국토를 재발견하고픈 열망이었다.

2. 국토의 재발견, 대담한 파격

겸재의 초기 산수화풍을 알 수 있는 작품 가운데 하나가 『신
묘년풍악도첩(辛卯年楓岳圖帖)』이다. 겸재가 36세 때인 1711년
금강산을 답사하고 그린 것이다. 수록작 가운데 하나인 〈금강내
산총도(金剛內山摠圖)〉는 위에서 내려다보는 부감법(俯瞰法)으
로 금강산 일만이천봉을 표현했다. 부감법은 이후 겸재가 금강
산을 바라보는 기본적인 시선으로 자리 잡았다. 조선의 산하를
있는 그대로, 보이는 그대로 화폭에 담겠다며 진경산수화를 선
보이기 시작했던 30대의 겸재. 하지만 특유의 화법이 완성되지
않았기 때문인지 화면은 다소 조심스러운 분위기다.

시간이 지나고 나이 50, 60대를 넘기면서 겸재의 그림은 자신
감 넘치고 대담해진다. 겸재 특유의 힘있고 날카로운 필법이 자
리를 잡은 것이다. 그냥 시간이 흐른다고 해서 그림이 달라지는
것은 아니다. 수없는 사생과 현장 답사, 우리 산천에 대한 애정
과 관심이 없었다면 겸재 화풍의 성숙은 불가능했을 것이다. 이
는 겸재 진경산수(眞景山水)의 심화였고 조선 산수화의 일대 도
약이었다. 18세기 영·정조시대의 자신감이기도 했다.

겸재의 〈만폭동도(萬瀑洞圖)〉(도 01)를 보자. 콸콸 물줄기 소
리가 다투듯 절로 난다. 그 소리와 함께 서늘한 기운이 꽉 차서

01 | 정선, <만폭동도(萬瀑洞圖)>, 18세기, 비단에 수묵, 33.2×22cm,
서울대박물관

밀려든다. 금강산의 만폭동. 내금강의 여러 계곡물이 합쳐 흐르
는 곳이니 풍광이 얼마나 좋을 것이며 물줄기는 또 얼마나 시원
하겠는가.

　금강산 물줄기의 흐름을 이처럼 살아 있게 표현한 화가가 또
있을까. 이 <만폭동도>는 보면 볼수록 시원하고 기분이 좋다.

그리 크지 않은 그림이지만 화폭은 곳곳이 살아 있다. 쉼 없이 몰아치는 물줄기는 화면 밖으로 튀어오를 듯하다. 물줄기에 고양된 바위와 나무도 그 기세가 당당하다. 울울창창 붓이 오간 흔적들이 그 속도감을 더해 준다. 만폭동 뒤쪽으로는 일만이천 봉우리가 앞다퉈 솟아 하늘을 찌르고 있다. 봉우리 봉우리를 수직으로 표현한 묵선을 보니 마치 거센 빗줄기처럼 후두둑 소리를 내는 듯하다. 화면 위부터 아래까지, 원경부터 근경까지 겸재 특유의 생명력으로 가득하다.

겸재가 구현한 조선의 진경(眞景)은 이토록 자신감이 넘친다. 이 거침없는 화면의 중간, 너럭바위 위에 선비 두 명과 동자 한 명이 무언가 대화를 나누고 있다. 금강산의 진경을 탐승하는 사람들의 모습을 아주 작게 표현했다. 자연에 대한 인간의 겸손함이라고 할까. 그렇다보니 자연의 풍세가 더 힘있어 보인다.

겸재는 그림 한켠에 중국 동진의 화가 고개지의 글을 적었다. '千巖競秀萬壑爭流草木蒙籠上若雲興霞蔚'. '천 개의 바위 봉우리가 서로 빼어남을 겨루고 만 개의 골짜기 물은 다투듯 흐른다. 초목은 울창하고 그 위로 구름이 일고 놀이 끼었다'는 뜻이다. 그야말로 만폭동의 분위기에 제격이다.

겸재는 송도삼절(松都三絶)의 하나인 개성 박연폭포를 그림으로 남기기도 했다. 〈박생연(朴生淵)〉(도 02)은 그 가운데 하나다. 대담한 천길 벼랑으로 폭포수가 거침없이 직하(直下)한다. 폭포 좌우의 기암괴석도 놀랍다. 붓을 옆으로 뉘어 빗자루를 쓸어내리듯 농묵쇄찰법(濃墨刷擦法)으로 시커멓게 표현한 바위. 그 먹의 흔적이 화면 밖으로 줄줄 흘러내리는 듯하다. 저것이 폭포인지 먹물인지, 바위인지 자연인지 분간할 수 없다. 거침 없고 대담한 묵법(墨法)이다. 겸재 이전과 겸재 이후 어디에서도 만나볼 수 없었던 겸재만의 독창성이다. 그 독창성은 담대함을 뛰어

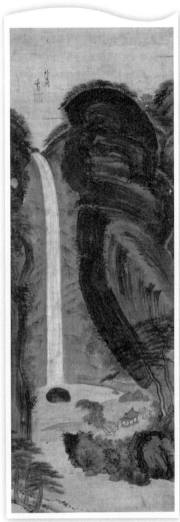

02 | 정선, 〈박생연도(朴生淵圖)〉,
1743년경, 비단에 담채,
98.2×35.8cm, 간송미술관

넘어 속이 후련하다가 불현듯 두렵기까지 하다. 아, 이것이 우리의 국토였구나, 이런 곳에서 우리가 살아왔구나, 우리는 충분히 당당해야 하는구나, 이런 마음이 든다. 그게 너무 장쾌해 문득문득 두려운 지경에 이르는 것이다.

겸재는 조선 산하를 있는 그대로 그리되 자신의 마음과 의도를 강하게 담고자 했다. 달리 말하면 우리 국토를 자신의 시각으로 재해석해 표현한 것이다. 앞서 말한 대담함이 바로 그것이다. 64세 때 인왕산 동쪽 계곡을 그린 〈청풍계도(淸風溪圖)〉(도 03) 역시 과감한 필치가 두드러진다. 힘찬 기세의 전나무 소나무, 쇄찰법으로 육중하게 표현한 바위가 어우러져 화면 전체에 힘이 넘친다.

겸재가 70대에 그린 〈비로봉도(毘盧峯圖)〉(도 04) 역시 파격의 극치다. 일체의 수식을 생략한 채 과감한 구도에 수묵만으로 금강산의 정수를 표현했다. 그 대담함은 절제와 통한다. 본질에서 벗어나는 군더더기는 필요 없다. 절제와 생략은 자신감이 없으면 불가능한 법. 특히 말

03 | 정선, <청풍계(淸風溪)>, 1739년,
비단에 수묵, 153.6×59cm, 간송미술관

04 | 정선, <비로봉도(毘盧峰圖)>, 18세기,
종이에 수묵, 100×47.4cm, 개인소장

년인 70대 이후 겸재 화풍을 보면, 진경산수의 자신감을 바탕으
로 간략과 함축의 경지로 나아갔다.

겸재는 수목(樹木)과 초화(草花)도 그렸다. 우리 산하를 좋아
하니 거기서 자라는 수목초화를 좋아하는 것은 어쩌면 당연한
일. 〈사직단송도(社稷壇松圖)〉(도 05)나 〈노송영지도(老松靈芝

05 | 정선, <사직단송도(社稷壇松圖)>, 종이에 담채, 70×140cm, 고려대박물관.

06 | 정선, <독서여가도(讀書餘暇圖)>, 1727년경,
비단에 채색, 24×16.5.cm, 간송미술관

圖)〉를 보자. 한양 사직단에 자라는 노송을 화면 가득 그려낸 〈사직단송도〉. 용틀임하는 듯 저 노송을 보면서 우리는 온갖 영욕의 세월을 견뎌낸 노송의 힘과 고결함을 느끼지 않을 수 없다. 어떻게 저런 나무를 찾아내 화면으로 옮길 생각을 했을까. 저 사직단송 앞에서 우리가 무어라 말할 것인가. 그저 숙연하게 침묵하고 사색할 뿐이다.

다소 편안한 그림도 있다. 〈독서여가도(讀書餘暇圖)〉(도 06)
라는 그림이다. 더운 여름 한 선비가 책을 읽다 말고 툇마루에
비스듬히 앉아 부채를 부치며 더위를 식히고 있는 모습을 그린
것이다. 뒤로 보이는 책장엔 책들이 가지런히 쌓여 있고, 열려
있는 책장문의 안쪽에는 정선 화풍의 산수화가 붙어 있다. 부채
에도 그림이 그려져 있다. 이 부채그림 역시 얼핏 보기에 정선화
풍의 분위기가 물씬 풍긴다. 누군가는 이런 이유 등을 들어 이
그림이 정선의 자화상이지 않을까 추측하기도 한다.

　잠시 책을 물리고 휴식을 취하는 주인공 선비는 고급스런 도
자기 화분에 심겨진 화초를 감상하고 있다. 그 화초는 작약과 난
초다. 그런데 보면 볼수록 선비의 모습이 흥미롭다. 꽃을 바라보
는 그 모습이 망연(茫然)하기 때문이다. 마치 꽃에 넋을 잃은 듯
하다. 저렇게 꽃에 빠져 있다니…. 꽃을 사랑하는 마음, 우리 산
천에 대한 마음과 똑같기에 이런 그림이 나왔을 것이다.

3. 새로운 시각, 국토에 대한 철학적 해석

　겸재는 50대말이던 1734년에 〈금강전도(金剛全圖)〉(도 07)
를 그렸다. 겸재 진경산수화의 대표작으로 국보 217호로 지정되
어 있다. 그런데 그림이 범상치 않다. 〈금강내산총도〉 등과 기
본적인 구도는 비슷해 보이지만 눈여겨 보면 좀 다르다. 아니 많
이 다르다. 다소 낯설기도 하다.

　토산(土山)과 암산(巖山)을 대비해 그리는 것은 전과 큰 다름
이 없다. 하지만 좀더 독특하고 대담하다. 금강산 일만이천봉을
위에서 한 눈에 내려다보면서 전체 금강산을 원형 구도로 잡았
다. 그리곤 토산과 암산을 좌우로 구분해 S자 모양으로 태극형

07 | 정선, <금강전도(金剛全圖)>, 국보 217호, 1734년, 종이에 담채, 130.7×59cm, 삼성미술관 리움

상을 만들었다. 오른쪽에 뾰족하고 강건한 골산(骨山)을, 왼쪽엔 부드럽고 원만한 토산을 배치했다.

주역(周易)에 정통했던 겸재가 음양의 이론을 넣어 금강산을 철학적으로 새롭게 해석한 것이다. 토산은 음이고 골산은 양이다. 음양이 만나 하나의 세상을 이루고 하나의 생명을 만들어낸다. 금강산은 우리의 세상이고 우리의 생명이다. 하나의 우주다. 태극은 생명의 탄생이고 세상의 창조이다.

　　오른쪽 위에 써넣은 제시(題詩) 역시 원형구도와 조화를 이룰
수 있도록 각 행의 글자수를 독특하게 배치했다.

:

　　萬二千峰皆骨山　何人用意寫眞顔　衆香浮動扶桑外　積氣雄蟠世界間
　　幾朵芙蓉揚素彩　半林松柏隱玄關　從今脚踏須今遍　爭似枕邊看不慳

　　겨울 개골산 만이천봉
　　누가 어찌 저 참모습 그릴 수 있으리오
　　뭇향기는 동해 밖으로 떠오르고
　　그 기운 쌓여 온누리에 웅혼하게 서렸구나
　　봉우리는 몇송이 연꽃인양 뽀얀 빛 드러내고
　　반쪽 숲엔 소나무 잣나무가 현관(玄妙한 道의 關門)을 가렸네
　　비록 내 발로 걸어서 찾아간다해도
　　베갯머리에서 내 그림 실컷 보느니만 못하겠네

:

　　이 얼마나 철학적이면서 대담한 발상인가. 한 걸음 한 걸음
직접 금강산을 답사하지 않고선 나올 수 없는 것이다. 누군가는
이 금강산이 한송이 꽃 같다고 말하기도 한다. 실제로 그림 맨
위의 비로봉부터 맨 아래 장안사 풍경에 이르기까지 하나의 원
형이 되어 연꽃봉오리처럼 보인다.
　　겸재 화풍의 철학적 면모는 단원 김홍도(檀園 金弘道,
1745~1806년 이후)의 산수화와 비교해보면 더욱 두드러진다.
단원의 산수화는 구도가 뛰어나고 여백이 풍부하다. 그리고 시
적이며 낭만적이다. 다소 감성적이라고 할 수 있다. 겸재의 그림
은 이와 다르다. 겸재의 산수화는 지극히 지적이고 철학적이다.
여기서 철학은 우리 국토를 바라보는 시각을 말한다. 겸재의 시
각은 참신하면서도 무척이나 깊다. 그 철학은 〈금강전도〉에서
절정을 이룬다.

4. 묵직한 그리움, 국토에 대한 감정이입

서울의 인왕산. 불쑥 솟은 바위산의 풍채는 언제나 매력적이다. 1751년 겸재 정선은 〈인왕제색도(仁王霽色圖)〉〈도 08〉를 그렸다. 〈인왕제색도〉는 비 그친 뒤 인왕산의 모습을 표현한 그림. 여기서 '제색(霽色)'은 '비가 개다'는 뜻이다.

그런데 이 그림은 볼수록 이색적이다. 인왕산 바위가 진하고 묵직하기 때문이다. 우리 옛 그림 가운데 이렇게 육중한 산수화가 또 어디 있을까. 대체 저토록 진한 먹의 정체는 무엇이란 말인가. 그림 오른쪽 위 '辛未閏月下浣'이란 관기(款記)로 보아 1751년 윤달이었던 음력 5월의 하순에 그린 그림이다. 대체 이 무렵 정선에게 어떤 일이 있었던 것일까.

그 궁금증의 내막엔 한 인물과 겸재의 인연이 감춰져 있다. 사천 이병연(槎川 李秉淵, 1671~1751)이다. 그는 조선 영조 때

08 | 정선. <인왕제색도(仁王霽色圖)>, 국보 제216호, 1751년, 종이에 수묵, 79.2×138.2cm, 삼성미술관 리움

최고의 시인으로 꼽혔다. 또 그림을 좋아했고 그림을 수집했던 컬렉터이기도 했다. 이병연은 정선보다 다섯 살 많았지만 두 사람은 인왕산 아래 한 동네에 함께 살면서 동문수학한 친구였다.

이병연은 겸재 그림의 컬렉터였고 후원자였다. 그는 정선을 각종 모임에 소개했다. 특히 자신이 긴밀하게 교유했던 김창흡(金昌翕) 등 안동 김씨 가문을 비롯해 당대의 쟁쟁한 문인 사대부들에게 정선을 소개하면서 정선의 그림을 보여주고 정선을 널리 홍보했다. 정선은 기본적으로 본인의 능력에 의해 높은 평가를 받았지만 이처럼 이병연의 튼실한 후원에 힘입어 더욱더 최고 화가로서의 지위를 굳혀나갈 수 있었다. 이병연은 겸재의 진경화법의 가치를 인식하고 철학을 공유하면서 컬렉터와 후원자 역할을 한 것이다.

이병연은 특히 시와 그림을 통해 겸재와 교유한 것으로 유명하다. 1740년, 겸재 정선은 예순 다섯의 나이에 양천현령으로 부임하게 됐다. 양천현은 지금의 서울 강서구와 양천구 일대다. 양천현령을 지내는 동안 이병연이 그리움의 시를 써서 보내면 정선은 그 시에 맞춰 그림을 그렸다.『경교명승첩(京郊名勝帖)』은 그렇게 탄생했다. 여기에는 한강 일대의 풍경을 사실적이면서도 아름답게 묘사한 정선의 그림 33점이 담겨 있다. 화폭 하나하나에는 '千金勿傳'이라는 도장이 찍혀 있다. '천금을 준다고 해도 남에게 넘기지 말라'는 뜻이다. 그 말이 참 재미있다. 재미있지만 금세 숙연하게 다가온다. 굳센 우정을 귀히 여겨 영원히 간직하자는 말이기 때문이리라. 이병연이 당시 정선에게 시를 써서 보냈던 시전지(詩箋紙, 시를 쓰는 좁고 긴 종이)는 가장 아름다운 것이라고 한다. 그리도 아름다운 종이를 구해 자신의 시를 써서 보냈으니 정선에 대한 이병연의 마음이 그윽하지 않을 수 없다.

그런데 1751년, 이들의 우정 사이에 중대한 일이 생겼다. 이병연이 병이 난 것이다. 당시 이병연의 나이는 여든 하나. 그 때 겸재의 마음은 어떠했을까. 평생 친구이자 자신의 비평가이고 후원자였던 이병연. 겸재 정선은 병중(病中)의 이병연이 완쾌되기를 기원하면서 붓을 들었다. 그 작품이 바로 〈인왕제색도〉다.

이 그림을 그린 시기는 1751년 음력 5월 하순. 단오도 지났으니 본격적인 여름에 접어들었을 때다. 음력 5월 인왕산에 초여름 장맛비가 일주일 넘게 내리다 그친 것이다.

그 인왕제색의 풍경이 묵직하면서도 장엄하다. 그림을 보면 인왕산의 바위 봉우리와 그 주변이 화면을 가득 채웠다. 초여름 일주일 동안 비가 왔으니 참 많이도 왔을 것이다. 그림 속에 세 줄기의 폭포가 있다. 아직도 거센 폭포의 물길이 이를 말해준다. 바위도 푹 젖었다. 이병연을 그리워하는 겸재의 마음처럼.

화면 전체에 물기가 가득하다. 빗물에 푹 젖은 바위 봉우리, 빗물을 머금은 소나무들, 그 사이로 서서히 번져오르는 물안개…. 그림 오른쪽 아래의 집은 이병연의 집이 아닐까. 거기 이병연이 누워 있는 것이 아닐까. 초여름 장맛비가 내리는 동안 겸재의 마음은 천근만근 무거웠을 것이다. 저 장마야 언젠가 그치겠지만 여든의 친구 이병연은 과연 병석을 털고 일어날 수 있을까.

이 그림엔 비 내리는 날씨처럼 무겁게 가라앉은 정선의 내면이 절묘하게 담겨 있다. 그래서 그림이 묵직한 것이다. 특히 물기 머금은 저 붓질을 보라. 화면을 압도하는 짙은 화강암 봉우리, 그 먹의 무게. 바위가 빗물에 젖듯 정선의 마음도 그리움과 근심에 푹 젖어들었음을 상징한다. 하지만 겸재가 이 작품을 그리고 얼마 지나지 않아 이병연은 세상을 떠났다. 1751년 음력 윤 5월 29일의 일이다. 이런 사연 때문에 보면 볼수록 이 그림이 더 좋아진다. 저 묵직한 먹의 무게. 짙은 그리움. 조선시대 옛 그림 가운데 이보다 더 절절한 그리움을 표현한 그림이 또 어디 있을까. 일흔여섯 노구에도 조선의 화가 겸재는 그렇게 명품을 탄생시켰다. 이병연에 대한 그리움과 우리 국토에 대한 사랑이 절묘하게 만난 것이다.

이 범상치 않은 인왕산의 풍경은 60년 지기 친구에 대한 우정이자 자신의 열렬한 후원자에 대한 경외의 표현이었다. 동시에 우리 국토에 대한 그리움의 감정이입이었다.

5. 늘 우리 곁에, 조선의 자존심

서울 성북동에 가면 간송미술관이 있다. 엄혹했던 일제강점기, 간송 전형필(澗松 全鎣弼, 1906~1962) 선생이 전재산을 바쳐 수집한 우리 문화재를 모아 놓은 곳이다. 1971년 시작된 간송미술관 첫 전시는 '겸재전(謙齋展)'이었다. 겸재의 그림이 간송 컬렉션의 중요한 비중을 차지한다는 동시에 겸재 작품 자체의 의미와 가치가 어느 정도인지 보여주는 단적인 사례라고 할 수 있다. 그 무렵부터 겸재 연구에 매진해온 최완수 선생은 "겸재 정선은 조선의 자존심이었다"고 단언한다.

겸재의 진경산수화는 그림을 보는 시각을 바꿔주었다. 나아가 우리 국토를 보는 눈, 세상을 보는 눈을 새롭게 만들어 주었다. 특히 동시대와 후대의 작가들에겐 충격이고 자극이었다.

겸재는 18세기 최고의 인기 작가였다. 겸재의 그림을 구하려는 사람들이 줄을 이었다. 겸재 그림에 대한 수요는 삼대밭처럼 무수하고 겸재가 사용한 붓이 무덤을 이룰 정도였다. 그림 주문이 너무 많아 분주하고 피곤한 날을 보내기 일쑤였다. 아들에게 그림을 대필시킬 때도 있을 정도였다.

겸재의 작품은 중국에서 인기가 더 높았다고 한다. 겸재의 큰

09 | 정선, <계상정거도(溪上靜居圖)>, 보물 585호, 1746년, 종이에 수묵 25.3×39.8cm, 삼성미
술관 리움

그림 하나는 18세기 청나라 일급 궁정화가의 월급의 10배가 넘
는 수준이었다. 그렇다보니 중국을 가는 사람들은 겸재의 그림
을 구해갔다. 훨씬 비싼 가격에 작품을 팔아 돈을 벌 수 있었기
때문이다.

겸재의 작품은 지금도 인기다. 컬렉션이 좋은 박물관이나 미
술관 또는 전통이 있는 화랑에서는 겸재의 명품을 모아 선보이
는 전시가 끊이지 않는다. 겸재가 양천현령으로 일했던 서울 강
서구에서는 정선기념관을 건립해 겸재의 미술정신을 되새긴다.

뿐만 아니다. 미술품 경매에서도 겸재의 인기는 대단하다. 〈
노송영지도〉(1755년)는 2001년 4월 서울옥션 경매에서 당시 국
내 미술품 경매 최고가인 7억 원에 낙찰되었다. 2012년 9월엔 K
옥션 경매에서 1746년작 〈계상정거도(溪上靜居圖)〉〈도 09〉가
들어있는 『퇴우이선생진적첩(退尤二先生眞蹟帖)』(보물 585호)

이 34억 원에 낙찰되었다. 34억 원은 지금까지 국내 고미술 경매 최고가 신기록이다. 『퇴우이선생진적첩』은 퇴계 이황과 우암 송시열의 친필 글과 정선의 그림 4편을 수록한 서화첩이다. 여기 실린 〈계상정거도〉는 퇴계가 기거하며 학문을 닦고 제자를 양성했던 경북 안동 도산서당의 모습을 후대의 정선이 되살려내 그린 것이다. 도산서당의 풍경이 단정하지만 자신 있어 보인다. 71세 겸재의 원숙함과 여유가 잘 드러나는 작품이다. 더욱 흥미로운 점은 이 〈계상정거도〉가 1000원짜리 지폐 뒷면에 들어가 있다는 사실. 겸재의 그림이 우리의 지갑 속에 늘 함께 있다니, 참 기분 좋은 일이다. 그건 겸재의 진경산수에 국토를 바라보는 새로운 시각과 철학이 담겨 있기 때문이리라.

:: 참고문헌 ::

국립중앙박물관, 『겸재 정선 – 붓으로 펼친 천지조화』, 2009.
박은순, 『금강산도 연구』, 일지사, 1997.
안휘준, 「겸재 정선(1676~1759)과 그의 진경산수화, 어떻게 볼 것인가」, 『역사학보』214집, 역사학회, 2012.
오주석, 『옛그림 읽기의 즐거움』, 솔, 1999.
이경화, 「정선의 ≪신묘년풍악도첩≫ : 1711년 금강산 여행과 진경산수화의 형성」, 『미술사와 시각문화』11호, 미술사와시각문화학회, 2012.
장진성, 「정선의 그림수요 대응 및 작화 방식」, 『동악미술사학』11호, 동악미술사학회, 2010.
진재교, 「18세기 문예공간에서 眞景畵와 그 추이 : 문예의 소통과 겸재화의 영향」, 『동양한문학연구』35집, 동양한문학회, 2012.
최완수, 『겸재 정선』, 현암사, 2009.
최완수 외, 『우리 문화의 황금기 진경시대』, 돌베개, 1998.

명화 읽어주는 박물관

그림에 깃든
여인의 삶과 사랑

이원복 경기도박물관장·경기문화재단 이사

▲ 신윤복, 미인도, 비단에 채색, 113.9×45.6cm, 간송미술관

그림에 깃든 여인의 삶과 사랑

1. 서언 - 조형미술과 여성

우리 인류의 역사에 있어 조형미술의 당당한 주인공으로 여성이 미의 주체가 됨은 인간이 지구에 등장한 후 상당한 시간이 흐른 뒤이다. 그림을 소재 면에서 살필 때 알타미라나 라스코동굴과 우리의 반구대 암각화가 그러하듯 동서양 구별 없이 길짐승과 날짐승 등 동물이 먼저이다. 이어 사람, 그리고 풍경으로 점진적인 전개를 보인다. 선사미술의 특징은 주술(呪術)과 의식(儀式)으로 정리된다. 생존과 직결되는 풍요(豊饒)와 다산(多産)의 대명사인 〈대모신상(大母神像)〉 단계를 벗어나 인체 그 자체 아름다움의 발견과 이에서 비롯한 이상화된, 축적된 미적 황금률 등 시대적 미감에 따라 다양한 표현이 가능해진다. 이에 시대별로 나라별로 이상적인 형상에 대한 차별적인 관념이 형성된다.

01 | 여인상, 신석기시대, 토제, 고.3.6cm, 경북 울산 신암, 부산대학교박물관

02 | 화엄경변상도(부분), 비단에 채색, 171.8×
92.1cm, 일본 교토 知恩院

한자문화권인 동아시아에 있어 산수에 앞서 먼저 발생한 인물화는 대체로 몇 가지 범주로 나뉜다. 포폄(褒貶)을 전제로 실존인물을 주인공으로 한 초상화(肖像畵), 남다른 일화를 남긴 인물들에 얽힌 연원을 둔 고사인물화(故事人物畵), 불교의 붓다를 비롯한 제자들인 나한과 도교의 신선 그리고 유교의 성현을 주인공으로 한 도석인물화(道釋人物畵), 그리고 이름을 남기지 못한 범부와 여염의 실생활 장면을 담은 풍속화 등이다. 이 외에 미인도(美人圖)를 들 수 있다. 우리 고대회화를 대변하는 고구려 고분벽화부터 고려불화 및 조선시대 미인도에 이르기까지 그림의 긴 흐름 가운데 여성을 살필 수 있다.

동아시아에 회화에 있어 인물화의 범주에서 여인을 주인공으로 한 미인도의 역사는 사뭇 오래고 길다. '중국 4대 미녀'로 불리는 서시(西施) · 초선(貂蟬) · 왕소군(王昭君) · 양귀비(楊貴妃)을 비롯해 왕비 등 사녀도(仕女圖)란 이름 아래 계속 줄기차게 이어져 오늘날도 화폭에 자주 등장한다. 당에서 오대를 거쳐 송에 이르는 섬세한 필치에 화려한 채색으로 궁정인물을 그린 공필인물화(工筆人物畵)로 지칭되기도 하는 궁정파(宮廷派)의 존재가 말해주듯 긴 역사를 지닌다. 국가의 멸망에 단초를 준 경

03 | 부인상(부분), 고구려(357년), 안악3호분

04 | 여인상(부분), 고구려(5세기), 강서군 수산리 고분 현실 서벽

05 | 무용(부분), 고구려(5세기), 집안 무용총(부분)

국지색(傾國之色)으로 역사상 이름을 남긴 미인도 화면에 빈번하게 옮겼다. 중국이나 일본에 비교할 때 대대적인 외침과 내환 등으로 우리 그림은 수적인 면에서 열세를 면치 못한다. 미인도 역시 그 흐름과 변천상을 일목요연하게 살필 수 없으나 대체로 비슷한 양상으로 생각된다.

시대별로 미감이 다르기에 조형예술에 나타난 여성의 아름다움의 표출은 시대성과 민족 내지 지역성을 강하게 반영한다. 그림의 전래가 드문 시기는 동시대 조각을 통해 인물상을 엿볼 수 있다. 우리 조각의 주류를 점하는 불상 가운데 국보 78호와 83호의 두 〈금동미륵보살반가사유상〉이 보여주듯 6세기에서 7세기 초 삼국시대 제작된 가늘고 긴[細長] 얼굴은 통일 후 〈석굴암대불〉에 이르면 중국 성당(盛唐)양식의 영향 속에 풍만한 얼굴로 변모되어 국제적인 흐름에 적극 능동적인 동참함을 보여준다. 특히 석굴암 내 보살은 여성적인 아름다움마저 보인다. 국립부여박물관 소장 고려시대 〈석불입상〉은 마치 이웃집 아저씨나 아주머니 같은 친근한 얼굴이다. 더 이상 외래사상이나 이국적(異國的)이 아닌 불교의 토착화를 보여주니 잘 숙성된 김치나 구수한 된장 맛에 비교된다 하겠다.

우리나라 고대 회화의 보고(寶庫)인 고구려 고분벽화(古墳壁畵)에는 적지 아니한 여성이 등장한다. 황해도에 위치한 안악 3호분(357년)과 평양 소재 쌍영총(雙楹塚, 5세기) 내 남녀가 화면에서 같은 비중으로 점한 주인공 〈부부초상〉, 본격적인 미인도로 보아 크게 어긋나지 않을 수산리 고분 등에 외출 장면이 포착된 상류층 부인, 무용총(舞踊塚)과 장천리(長川里) 1호분 등에선 노래하고 악기 타며 남성과 함께 〈군무(群舞)〉를 추는 여인들, 우물가와 부엌에서 일하는 모습 등 다양한 행동들이 전개된다. 1976년 발견된 덕흥리(德興里) 고분(408년)엔 은하수를 가운데 두고 견우(牽牛)와 〈직녀(織女)〉도 그려졌다. 수산리 고분에는 〈묘주부인〉과 그녀를 따르며 시중드는 아름다운 여성들도 함께 등장한다. 조선시대 초상이 취한 일반적인 형식인 왼쪽 뺨을 드러낸 7분좌안(七分左顔)의 귀티 나는 복스러운 얼굴, 볼연지와 입술 화장, 검은단을 댄 상의, 칠 등신에 가까운 헌칠한 키 등은 당시 미인의 기준을 알려준다. 이들은 각기 후덕(厚德)하고 때론 화려하니 머리 형태, 화장(化粧), 복식까지 세밀히 표현하고 있어 당시의 미인의 기준마저 감지할 수 있다.

고려시대 일반회화에서 여인을 찾기는 힘드나 1976년 일본 나라에 위치한 야마토문화관에서 개최한 '고려불화(高麗佛畵)' 특별전(1978.10.18.~11.19)에 출품된 14세기 후반의 고려불화의 세부에서 여성들을 살필 수 있다. 경남 거창 둔마리(屯馬里) 벽화고분 동벽에 그려진 〈주악천녀도(奏樂天女圖)〉, 2000년 가을 확인된 경남 밀양 청도면 고법리 소재 박익(朴翊, 1332~1398)의 묘 내부 동·서벽에 그려진 인물상 등을 통해 고려왕조 왕실을 비롯한 상류계층의 여인들을 만날 수 있다. 청자로 대변되는 관료적 귀족국가의 화려(華麗)하고 섬세(纖細)하며 장엄(莊嚴)한 세련된 미감을 유감없이 보여준다.

2. 우리 옛 그림 속의 여인들
- 드문 여성초상과 중국 사녀화(仕女畵)와 조선 여인

조선시대 그림에 등장한 여인들은 그림의 주제나 내용 그리고 양식에 따라 몇 가지로 구분된다. 첫째는 여성초상화를 들게 된다. 오늘날 전래된 공민왕(恭愍王, 1330~1374)과 조반(趙胖, 1341~1401)이나 하연(河演, 1376~1453) 등 내외를 함께 그

06 | 전 김득신(1754~1822), 곽분양행락도, 비단에 채색, 143.9x123.6cm, 국립중앙박물관

린 몹시 드문 예로 후대 옮겨 그린 이모본이나 고식을 지닌 고려 말 조선 초 여성초상도 남아있다. 1759년 강세황(姜世晃, 1713~1791)이 그린 〈복천오부인86세상〉 및 19세기 이후 제작된 계월향(桂月香)·논개(論介)·최연홍(崔蓮紅) 등 의기(義妓) 초상이 전한다.

둘째는 조선후기에 크게 유행한 풍속화나 궁중의궤도(宮中儀軌圖) 등 기록화 속의 여인들이며, 셋째는 본격적인 인물화 범주의 미인도이다. 미인도는 조선 초부터 말기까지 줄기차게 지속된 중국풍의 사녀도와, 18세기 이후 제작되어 특히 조선 후기 화단에서 진경산수나 풍속화와 궤(軌)를 같이 해 정형을 이룩한 중국 아닌 조선복색의 미인도로 크게 양분된다.

07 | 윤용(1708~1740), 나물바구니를 끼고 봄을 캐다[挾籠採春], 종이에 담채, 27.6x21.2cm, 간송미술관

08 | 봄에 맺힌 한 줄기져 흐르다[春恨脉脉], 김홍도(1745~1806이후), 종이에 담채, 33.5×57.8cm, 간송미술관

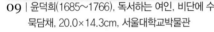

09 | 윤덕희(1685~1766), 독서하는 여인, 비단에 수   **10** | 윤두서(1688~1715), 독서하는 여인, 비단에 채
묵담채, 20.0×14.3cm, 서울대학교박물관   색, 61.0×41.0cm, 개인

먼저 중국 복색의 여인들은 조선 초를 대표하는 안견의 제
자로 잘 알려진 석경(石敬, 1440~?)이 남긴 소품으로 영지(靈
芝)를 채집하는 불로장수(不老長壽)의 여선(女仙)을 그린 〈마
고선녀가 지초를 캐다(麻姑採芝)〉가 전한다. 김홍도(金弘道,
1745~1806이후)의 〈군선도(群仙圖)〉나 〈서원아집도(西園雅集
圖〉 같은 도석인물화와 고사인물화에서도 여성을 찾아볼 수 있
다. 사녀도 계열은 앞선 조선 초에 이어 중기도 드문 예이나 몇
점 전래된다. 구체적인 논고가 이루어지지 않아 면밀한 고찰을
요하나 조선중기 화풍을 연 문인화가 김시(金禔, 1524~1593)의
전칭(傳稱) 화첩이 국립중앙박물관에 간직괴어 있다. 청록산수
(靑綠山水) 계열로 이 가운데 독서하고 그림을 그리며 명상에 잠

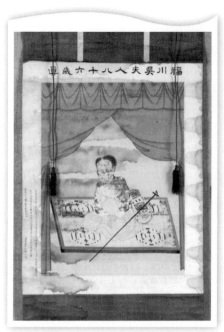

11 | 강세황(1713~1791), 복천오부인86세진, 1761년, 비단에 채색, 73.8×60.0cm, 개인

긴 귀부인들도 포함된다.

조선후기 독자적이며 고유색 짙은 진경산수를 이룩한 '조선의 그림 성인[畵聖]' 정선(鄭敾, 1676~1759)도 매우 드문 예이나 이 계열의 그림이 전한다. 74세 때(1749년) 제작한 『사공도시품첩(司空圖詩品帖)』내 〈섬농(纖濃)〉을 남기고 있다. 중국 당 말의 시인(詩人) 사공도(司空圖, 837~908)가 시를 지을 때 갖춰야하는 품격을 24가지로 분류한 시품(詩品)을 정선이 그리고 이광사(李匡師, 1706~1777)가 원문을 옮긴 시화첩으로 2쪽지가 빠진 채로 전해온다. 섬농은 '간결하고 풍부한 조화'를 의미하는데, 버들의 안개 같던 연두색이 비단 천처럼 진해지며 복사꽃이 만개한 아득한 봄날에 미인은 버드나무에 기대어 붓을 들고 떠오른 시구를 적는다.

윤덕희(尹德熙, 1688~1766)가 아들 윤용에게 그려준 〈마상부인도(馬上婦人圖)〉는 다소 이국풍이나 사녀도 계열에 속한다. 윤두서의 〈독서하는 여인〉은 중국풍인데 대해 그의 아들 윤덕희는 족자가 아닌 편화 소품으로 〈오누이〉와 한 쌍을 이룬 동일 주제의 그림을 남겼다. 서울대학교 박물관에 〈독서하는 여인〉은 부친과는 달리 조선 여인으로 바꾼 것으로 남기고 있어 좋은 비교가 된다.

12 | 김희겸(1710~?), 전일상의 한가로움[石泉公閒遊圖],
1748년, 종이에 채색, 119.5×82.5cm, 담양정씨 종중

김홍도의 경우 풍속화는 별개로 중국풍 사녀도 계열도 남기고 있다. 그러나 같은 주제의 중국화와 비교할 때 비록 중국 복식 등 공통적인 면도 지니나 훨씬 단순화된 면을 보여준다. 화원 이재관(李在寬, 1784~1837)은 모두 6폭으로 된 일련의 고사인물도 대작을 남기고 있는데 이 가운데

13 | 미상, 선조조기영회도, 1585년, 비단에 채색, 40.0×59.2cm, 서울대학교박물관

14 | 미상, 십로도상계축, 1499년, 종이에 채색, 39.0×208.0cm, 삼성미술관 리움

말 타고 활시위를 당기는 여협(女俠), 생황 부는 여인, 그림을 그리는 여인 등 4폭이 중국풍의 사녀도이다.

17세기 후반 〈권대운(權大運, 1612~1699)과 기로들을 위한 잔치[耆老會宴圖]〉에는 등장한 인물들은 조선복색인데 대해 시중드는 여인들은 하나같이 중국 사녀도에 있어 후대 범본(範本)이 된 당인(唐寅, 1470~1523)과 구영(仇英, 16세기 전반) 풍의 정형화된 인물이다. 영조(英祖, 1694~1776)가 재위 40년에 80세를 바라보며 병에서 회복된 것을 축하해 1766년 인정전에서 연 〈영조병술진연도(英祖丙戌進宴圖)〉에서도 같은 양상이다. 8폭 병풍에 묵서와 인정전 잔치 장면을 제외한 6폭에 등장한 여인들도 마찬가지이다.

이들 중국풍의 사녀도와 달리 우리 복색을 한 여인들의 등장은 각종 기록화(記錄畵)에서 찾아볼 수 있다. 현존되는 것으로는 이른 것은 비록 그린 화가이름은 밝혀져 있지 않으나 1499년 제작연도가 명기된 〈십로계축(十老契軸)〉을 들게 된다. 신숙주(申叔舟, 1417~1475)의 동생 신말주(申末舟, 1429~1503)는 노후를 전북 순창의 남산 정상에 귀래정(歸來亭)을 짓고 보냈다. 나이 71세 때 자신을 비롯해 70을 넘긴 이웃 9인 등 10명이 당(唐) 백거이(白居易, 772~846)의 향산구로회(香山九老會)를 모방해 한 자리에서 모임을 갖고 참가한 인물들 모두를 함께 등장시킨 10축의 기록화로 남긴 것이다. 이 그림은 1790년 김홍도에 의해 첩

(帖)으로 다시 그려지는 등 이모본이 여럿 전한다.

　이 축은 16세기 이후 산수화 속에 인물을 작게 등장시킨 계
회도와는 다른 고식(古式)으로 초선 초와 고려시대 계회도의 양
식을 짐작하게 하는 점에서도 주목된다. 보물 제728호로 지정된
『설씨부인권선문첩(薛氏夫人勸善文帖)』이 증명하듯 서화로 이
름을 남긴 그의 부인 설씨(薛氏, 1429~1509)가 이 축을 그렸을
가능성도 배제할 수 없다. 그림 내에 시중드는 여인들은 관청에
소속된 관기(官妓)들로 보인다. 꼭 같지는 않으나 닮은 머리 형
태와 이와 상통되는 복색을 지닌 여인들은 반세기 뒤인 1550년
제작된 〈호조낭관계회도(戶曹郎官契會圖)〉와 1585년 〈선조조
기영회도(宣祖朝耆英會圖)〉 등에서 살필 수 있다.

　18세기에 접어들면서 일하는 여성 외에 악기를 다루고 춤을
추는 기녀 등 풍속화에 여성들이 등장한다. 이에 앞서 김희겸(金
喜謙, 1710~1763이후)이 1748년 그린 〈석천한유(石泉閒遊)〉는
실존인물 석천 전일상(田日祥, 1700~1753)과 과일과 술병을 나
르고 악기를 연주하는 등 시중을 드는 4명의 기녀가 등장된다.
신윤복보다 반세기 앞선 시기여서 좋은 비교가 된다.

3. 풍속화 속의 조선 여인들
- 생업현장, 모성애(母性愛)와 애정

　조선후기를 크게 풍미한 풍속화는 산수화를 비롯한 우리 옛
그림 전반이 그러하듯 화원 등 직업화가에 앞서 지식인층 문인
화가들이 그 선두를 점한다. 풍속화의 대가로 잘 알려진 김홍도
와 신윤복에 두 세대 앞선 윤두서(尹斗緖, 1668~1715)와 조영석
(趙榮祏, 1686~1761)의 시동이 돋보인다. 이는 마치 씨 뿌리는

사람과 가꾸고 기루며 거두는 이들이 다른 것 같은 역할분담은 전통 회화 모든 장르에서 같은 양상이다. 문인화가들의 현존유작 중에는 비록 소품들이나 각종 가사노동 현장에 위치한 여인들을 만나게 된다. 비록 화사하게 아름다운 옷을 입은 궁중 여인은 아니나 여염집의 땀내와 인간의 체취가 느껴지는 여성들이 그림의 주인공으로어엿하게 등장한 점도 주목된다.

15 | 김홍도, 자리 엮기, 종이에 담채, 27.0×22.7cm, 국립중앙박물관

갓 돋아난 봄나물을 채취를 위해 들녘에 나선 두 여인을 그린 윤두서의 〈나물 캐기〉, 그의 손자인 윤용(尹愹, 1708~1740)이 그린 옆구리에 망태기를 끼고 호미를 든 튼튼한 다리의 부녀자의 뒷모습을 나타낸 〈나

16 | 석경(1440~?), 마고선녀가 지초를 캐다[麻姑探芝], 비단에 채색, 21.9×19.0cm, 간송미술관

17 | 신윤복(1758?~1813이후), 단오절의 운치 있는 정경[端午風情], 종이에 채색, 28.2×35.6cm,
간송미술관

물바구니를 끼고 봄을 캐다[挾籠採春]〉 등은 비교적 이른 시기
문인들이 그린 본격적인 풍속화이다. 사설화랑 동산방에서 조영
석 후손이 간직한『사제첩(麝臍帖)』등을 중심으로 '관아재 조영
석전'(1984.12.4~12.10)을 열었다. 이때 최초로 일반에게 공개
된『사제첩』은 젖을 빠는 송아지 · 말 · 개 · 병아리와 닭 · 메추라
기 · 개구리와 두꺼비 등 주변에서 살필 수 있는 동물과 생업에
종사하는 인물들을 앞에 두고 사생(寫生)한 미완성 작품들이 포
함된 14점의 그림들로 이루어졌다. 〈새참〉과 〈바느질〉은 김홍
도나 현대화가 박수근(朴壽根, 1914~1965)과도 통한다. 간송미
술관 소장의 절구질 하는 여인을 담은 〈시골집 여자가 하는 일
(村家女行)〉 등도 전한다.

18 | 신한평(1735~1809이후), 자애로운 어머니가 아이를 기르다[慈母育兒], 종이에 담채, 23.5×
31.0cm, 간송미술관

우리들 모두에게 잘 알려진 친숙한 화가인 김홍도의 그림 중
이 분야의 걸작으로는 단연 〈삼공불환도(三公不換圖)〉를 꼽게
된다. 이 그림은 작가가 완숙한 필력을 구사한 57세(1801년)때
그린 것으로 대작이다. 중국의 옛 명문인 후한(後漢)의 중장통
(仲長統, 179~220)의 낙지론(樂志論)을 도상화한 것이나, 이상
화된 중국 풍치(風致) 아닌 고즈넉한 우리의 산천(山川)에서 전
개된다. 고래 등 같은 한옥과 그 안에 전개된 생활상이 구체적으
로 나타나 있다. 삼공이란 고위직 벼슬을 주어도 조정에 나가지
않고 전원생활의 한가롭고 평화로운 즐거움을 택하겠다는 선비
의 삶을 묘사한 것이다. 이 그림 속의 남성은 공부를 하거나 친
구들과 담소를 나누며 한가로이 쉬는 모습이나 이와 대조적으로
여인은 실을 뽑아 천을 짜는 등 생업에 전념한 모습들로 조선 풍

속화에는 여인의 경우 이처럼 일하는 모습이 주류를 이룬다.

　18세기 후반에 이르러 김홍도와 신윤복(申潤福, 1758?~1813 이후)은 각기 우물가, 빨래터, 주막, 부엌, 음식 나르기, 천짜기, 행상(行商) 등 일하는 여인들을 즐겨 그렸다. 머리에 광주리를 얹은 여인들도 쉽게 찾아볼 수 있다. 이는 중국그림에선 찾아보기 힘든 흥미로운 사실이기도 하다. 그러나 이들 그림 속의 여인들은 노동에 찌든 힘겹고 고달픈 모습이 아닌, 생활의 기쁨 등 삶의 생기(生氣)와 낙천성(樂天性)이 감지되는 그림들이다. 그림 모든 장르에 두루 능한 단원 김홍도는 풍속화에서 사농공상(士農工商) 사회 각계각층의 인물을 망라한다. 아울러 노소가 어우러지니 다방면에 따뜻한 시선을 읽게 된다. 그가 살던 조선후기의 생활상과 사회분위기를 그 어떤 기록물보다 진솔하게 전한다. 반면 혜원 신윤복은 도회 중심의 남녀 간 애정을 주제로 한 풍속화가 주류를 이룬다.

　아기에게 젖을 물린 여인 또한 풍속화에서 어렵지 않게 찾아볼 수 있는 익숙한 주제 가운데 하나이다. 보물 제527호로 지정된 김홍도의 『풍속도첩』 중 〈점심〉, 호암미술관 소장의 8폭으로 이루어진 선비가 집을 떠나 길가에서 접하게 된 삶의 현장 이모저모를 담은 김득신(金得臣, 1754~1822)의 행려풍속(行旅風俗) 병풍 속 〈점심〉, 1791년 마군후(馬君厚, 18세기 말)가 그린 밭일을 하는 중 아기에게 젖을 물린 〈봄날의 나물 캐기[春日採種]〉 등이 알려져 있다. 아기에게 젖무덤을 스스럼없이 드러내 젖을 물려 진한 모성애가 감지되는 따뜻한 그림들이라 하겠다. 여성상은 아리땁고 관능적인 미인으로 발전한 뒤 춘화(春畵)의 영역까지 확산된다. 변함없는 인류의 오랜 정서로 긴 생명력이 유지는 다름 아닌 모성애로 충효로 도덕을 크게 표방한 유교적 질서체계인 조선왕조에서도 환영받을 수 있다.

신윤복의 부친 신한
평(申漢枰, 1735~1809
이후)은 아들보다 활
동이 두드러진 어진제
작에도 참여한 자비대
령화원으로 배경의 표
현 없이 인물만 등장
시킨 가족사진에 방불
한 〈자애로운 어머니
가 아이를 기르다[慈
母育兒]〉 등을 열거
할 수 있다. 그는 평상
복 차림의 〈이광사초
상〉과 다채로운 화려
한 색감이 두드러진 〈
화조도〉 그리고 최근
알려진 선문대학교 박
물관에 소장된 사녀풍
의 〈미인도〉 등 유작
은 몇 안 되나 하나같

19 | 채용신(1850~1941), 운낭자27세상, 1914년, 종이에
담채, 120.5×61.7cm, 국립중앙박물관

이 고른 화격(畫格)을 지닌다.

군이 사람이 아니더라도 자애로 통하는 모정은 우리나라
의 경우 고려시대 12세기 〈청자원형모자연적(靑磁猿形母子硯
滴)〉과 그로부터 4세기 지나 조선시대 16세기 종실 이암(李巖,
1507~1566)의 〈어미 개와 강아지[母犬圖]〉에서도 잘 드러난다.
손에 잡기 편한 아담한 크기의 청자연적은 어미 품에 안긴 새끼
원숭이는 한 손은 어미 심장에 다른 손은 어미 뺨에 닿아있다.

어미의 심장박동은 새끼에게 자장가 역할을 하는 지도 모른다.

자식사랑은 본능에 속한 것이니 동물도 다를 바 없다. 원숭이이건 개이건 어미의 눈매는 마냥 푸근하다. 등에 업혀져 평화롭게 단잠에 떨어진 녀석, 배 밑으로 기어들어와 열심히 젖을 빠는 놈 등 어미의 따사로운 정은 온기로 다가온다. 소재를 사람으로 바꿔 서구의 성화로 시선을 돌리면 성모 마리아와 어린 예수와 세례자 요한이 등장한 라파엘(1483~1550)이 남긴 일련의 〈성모자(聖母子)〉에 뒤지지 않는 따듯한 모성애가 감지되는 그림이다.

혜원 풍속화의 최고의 걸작인 간송미술관소장 국보 제135호인 『혜원전신첩(蕙園傳神帖)』 모두 30점이며 종이에 그렸다. 등장인물의 묘사 및 내밀한 심정과 남녀 사이의 은근한 애정 등 심리묘사가 돋보인다. 채색사용 또한 절묘하며 여인들이 주인공이고 남성이 조연인 양 보이기도 한다. 〈봄빛이 전우너에 그득하다[春色滿園]〉·〈소년이 붉은 꽃을 꺾다[少年剪紅]〉·〈과부가 봄빛을 즐기다[嫠婦探春]〉·〈젊은이들의 봄나들이[年少踏靑]〉·〈단오날의 운치 있는 정경[端午風情]〉·〈달밤에 몰래 만나다[月夜密會]〉·〈달빛 아래 정든 사람들[月下情人]〉 등 작품제목을 통해서도 알 수 있는 젊음의 풋풋함과 남녀사이 가락 잡힌 풍류, 삶의 흥과 멋이 흥건하게 배인 화면 내 여인은 일견 수동적이며 다소곳해 보이나 의외로 당당하다. 더욱 중요한 것은 예술적 성취로 외설(猥褻)을 용케 벗어난 점을 들게 된다.

국립중앙박물관소장 『여속도첩(女俗圖帖)』은 〈전모(氈帽)를 쓴 여인〉, 〈연당의 여인〉, 〈거문고 줄 고르는 여인〉, 〈저자길〉, 〈장옷 입은 여인〉, 〈처네 쓴 여인〉 등 모두 6폭으로 이루어 졌다. 6점 중 4점은 화면 내 배경 없이 인물만 등장한 것도 있다. 비단에 유려한 필치로 채색 또한 고우며 이 화첩 내 등장하는 여인들은 모두 기생들로 이 부류 여인들에 대한 화가 자신의 남다른 애정과 따듯한 시선이 감지된다. 화면 내 남성이 전혀 등장되지 않으며 4폭에는 배경처리 없이 인물만 나타냈다. 〈전모를 쓴 여인〉과 〈연당의 여인〉은 비록 소품이긴 하지만 풍속화 범주를 벗어나 본격적인 미인도로 지칭됨에 망설임이나 이의가 없다하겠다.

이들 풍속화에는 어머니로 어린 아기돌보기로 업고 있거나 젖먹이기[授乳] 외에 김매기·빨래·물 긷기·나물 캐기·길쌈·잠업(蠶業) 등 여염집 가사노동 등이 주류를 이룬다. 초상이나, 기녀가 중심이 된 미인도 외에도 이들 풍속화에서 본격적인 주연으로 부각됨을 살필 수 있다.

4. 우리 미인도 - 조선미인도의 한 정형

조선여인의 아름다움은 신윤복의 붓끝을 통해 화려하게 피어났으니 이 소재에 관한 한타인의 추종을 불허한다. 그는 500년이 넘는 조선왕조 전체를 통해 단연 최고로 독보적(獨步的)인 존재로 이 분야에 있어 조선시대 전체를 통해 가장 주목되는 화가이다. 그가 남긴 〈미인도〉는 조선 미인도의 백미(白眉)로 한국 미인도의 정형이기도 하다. 간송미술관에 간직된 이 그림을 넣어 보관하는 오동나무로 된 상자 안쪽엔 근세 최고의 안목(眼目)인 오세창(吳世昌, 1864~1953)이 '여인도(麗人圖)'라 작품제목을 적었다. 우리의 옛 문헌에는 아름다운 여인을 지칭하는 것으로 단어는 미인보다 여인(麗人)이 보다 일반적이다. 이 그림의 처음 제목은 〈여인도〉이나 오늘날은 일반적으로 〈미인도〉로 지칭된다. 이 그림은 국내뿐 아니라 미국 8개 도시를 순회한 최초의 국외전시인 '한국고대문화전'(1957~1959)을 비롯해 1976년 '한국

20 | 신윤복, 미인도, 비단에 채색, 113.9×
45.6cm, 간송미술관

21 | 미상, 미인도, 종이에 채색, 117.0×49.0cm,
해남 녹우당

미술 5천년' 일본전시 등 국외전시에도 선정·출품되어 이를 통
해 세계에 한국여인의 아름다움과 을 세계에 알린 명품이다.

　5등신에 가까운 작은 체구, 손질이 잘 이루어진 풍성한 가체,
초승달 같은 가녀린 눈썹, 다소곳한 눈매의 좁고 작은 입, 계란
형의 앳된 얼굴, 좁은 소매의 짧은 허리춤의 저고리와 풍성한 치

22 | 채용신, 팔도관기도, 광목에 채색, 각 130.0×60.0cm, 송암미술관

마, 노리개의 패용 등이 특징으로 제시된다.

　윤씨종가인 해남 녹우당에 소장 된 가체(加髢)의 머리가 더 실한 〈미인도〉는 혜원 것과 쌍벽(雙璧)으로 지칭되는 미인도이 다. 윤덕희 그림으로 전해지기도 하지만 화가는 밝혀져 있지 않다. 이와 같이 1m가 넘는 본격적인 미인도로는 온양미술관에 있는 이인문(李寅文, 1745~1824이후) 전칭작, 일본 동경국립박물관에 간직된 오쿠라 기증품, 동아대학교박물관 소장품, 채용신(蔡龍臣, 1850~1941)의 〈운낭자 27세상〉과 시대가 떨어지는 그의 전칭작인 〈8도관기상(八道官妓像)〉병풍 등이 있다.

이들 미인도에 등장된 여인들은 주인공은 여염집 여인이 아닌 기생이다. 여인초상이 많이 그려지지 않아 드문 것도 이유가 되겠으나 기녀는 비록 신분은 낮지만 몸에 사치스런 장식이 가능했고 연애와 외출 등 비교적 자유스러운 행동거지에서 연유된 것이리라. 이 점은 조선 미인의 정형을 기생에서 살필 수밖에 없는 소이(所以)이기도 하다. 이와 같은 미인도의 전통은 20세기 근대화단으로 이어지나 이른바 진경시대로 지칭되는 조선 후기 '우리 문화의 황금기'의 걸작들과는 구별을 피하기 힘들다.

5. 결어 - 어머니여 나의 누이여…

우리가 몸담고 있는 지구에 살고 있는, 그리고 살아 온 사람의 성비(性比)는 시대에 따라 미소한 차이가 없지 않으나 대체로 각기 절반을 이룬다. 인류학자 중에는 모계사회(母系社會)가 가장 안정된 사회라 주장하기도 한다. 이미 명멸(明滅)했거나, 현존하는 고등종교인기독교와 회교, 동아시아 한자문화권의 불교나 유교 모두에서 여성의 지위는 낮다. 유독 도교(道敎)만은 음양이 공존하니 양성평등 사상이라 하겠다. 성리학이 지배한 조선왕조 후반에 여성의 지위와 별개로 그림을 통해 본 여성상은 기존관념과 달리 충효(忠孝)를 바탕으로 한 어머니상 등 부정일변도는 아니다.

::참고문헌::

이원복, 「蕙園 申潤福의 畵境」, 『미술사연구』 제11호(미술사연구회, 1997.12)
　　　　pp.97~127.

_____, 「逸齋 申漢枰의 畵境」, 『東岳美術史學』제1집(동악미술사학회, 2000.
　　　　12), pp.29~45.

_____, 「申潤福의 <美人圖>에 관한 考察 – 朝鮮 美人圖의 一定型」, 『미술자료』
　　　　제66호(국립중앙박물관, 2001.8), pp.47~78.

_____, 「傳 신말주 필, 十老圖像稧軸에 관한 고찰 – 조선시대 계회도의 한 양
　　　　식」, 『항산 안휘준 교수 정년퇴임 기념논문집 미술사의 정립과 확산』1
　　　　권, (2006.3), pp.180~208.

_____, 「조선후기 및 근대회화의 母子像 – 신한평의 <慈母育兒>와 채용신의
　　　　<雲娘子27歲像>을 중심으로」, 『미술자료』제81호(국립중앙박물관,
　　　　2012.6), pp.81~109.

명화 읽어주는 박물관

스승을 닮고자 했던
소치 허련의 삶과 예술

김상엽 문화재청 문화재감정관·건국대학교 인문과학연구원 연구교수

▲ 허련, <동파입극상(東坡笠屐像)>, 종이에 수묵, 44.1×32.0cm, 일본 개인.

스승을 닮고자 했던
소치 허련의 삶과 예술

1. 소치, 추사문하의 증삼

'일세(一世)의 통유(通儒)', '북학파(北學派)의 거벽(巨擘)', '19세기 최고의 인물' 등으로 일컬어지는 추사(秋史) 김정희(金正喜: 1786~1856)의 예술은 천부의 재질에 넓고도 철저한 학문적 바탕, 각고의 노력에 의해 이루어진 것으로서 시·서·화·전각 등 전통시대 학예(學藝)의 모든 분야에서 뛰어났고, 특히 글씨에서는 '추사체(秋史體)'라는 전인미답(前人未踏)의 경지를 이루었다. 추사의 예술은 학문에 비교할 수 없을 만큼 강력한 영향을 보여 당시에는 물론 그의 사후에도 오랫동안 조선의 예원(藝苑)을 석권하다시피 하였다. 서화에 있어 그의 영향을 '완당바람', 그가 살았던 시대를 '완당시대'라 부르기도 하고, 특히 회화에 있어서는 '사의(寫意)'와 '문기(文氣)' '문자향(文字香)' 등을 중요시하여 조선 말기에 남종문인화가 성행하게 된 조류를 낳게 하였다.[1](도 01)

추사의 교유의 폭과 깊이는 그의 학문·예술세계와도 비견될 정도로 실로 방대하여 옹방강(翁方綱)·완원(阮元)·오숭량(吳

---

1) 이 글은 김상엽, 「추사 김정희와 소치 허련 관견(管見)」, 『추사의 삶과 교유』(추사 박물관 학술총서 I , 2013, 12, pp.4~21.)를 보완하였다.

01 | 허련, <김정희필 산수도>, 1866년, 종이에 수묵, 24.9×30.1cm, ≪호로첩(葫蘆帖)≫(부분), 개
인소장

嵩梁) · 장심(張深) · 섭지선(葉志詵) · 주학년(朱鶴年) 등 중국의
학자와 서화가, 권돈인(權敦仁) · 김유근(金逌根) · 윤정현(尹定
鉉) · 신관호(申觀浩) 등과 같은 당대의 명사, 설파 상언(雪坡 尙
彦) · 인악 의소(仁嶽 義沼) · 연담 유일(蓮潭 有一) · 백파 긍선
(白坡 亘善) · 초의(草衣) 등의 승려, 조희룡(趙熙龍) · 이상적(李
尙廸) · 허련(許鍊) · 전기(田琦) · 오경석(吳慶錫) · 윤광석(尹
光錫) 등과 같은 중인 · 여항문인들과 국적 · 신분 · 계급 · 연령
을 초월한 교유와 학연을 가졌다. 추사가 서얼이든 중인이든 출
신성분을 묻지 않고 문하에 받아들여 학문과 그림을 교유했다는
사실은 그의 도량과 포용력이 컸음을 의미한다.
　추사의 학문과 예술을 추종하는 이른바 '추사파' 가운데 그림으로 추사의 특별한 아낌을 받은 인물은 고람(古藍) 전기(田琦: 1825~1854)와 소치(小癡) 허련(許鍊: 1808~1893)이다. 전기과 허련은 추사의 사의적(寫意的) 문인화의 경지를 잘 이해하고 구사하여 각각 "자못 원인의 풍치를 갖추었다[頗具元人風致]", "압록강 동쪽에는 이만한 그림이 없다[鴨水以東 無此作矣]"는 등의 극찬을 받았다. 전기가 30세의 나이로 추사보다 먼저 돌아간 데 비하여 허련은 그의 나이 32세부터 추사가 돌아갈 때까지 18여 년을 지성으로 모셔, 추사가 인간적인 고마움을 표현한 구절을 여럿 볼 수 있다. 전기가 스승보다 일찍 돌아가 추사에게 안타까움을 안긴 제자라면 허련은 생전에는 물론 추사의 사후에도 스승 추사를 기리는 노력을 계속하였다. 이러한 측면에서 볼 때 추사 문하에서 그림을 배운 이 가운데 전기를 공자 문하(孔門)의 안회(顏回)로, 허련을 증삼(曾參)으로 비유할 수 있을 듯싶다. 이 글에서는 일생을 추사로부터 비롯된 '꿈같은 인연(夢緣)' 속에 보낸 19세기 조선 남종화의 대표적 화가 소치 허련의 일생과 예술을 그의 스승이자 후견인인 추사와의 관계를 중심으로 살펴보고자 한다.

2. 허련의 일생과 회화활동

허련은 조선시대의 화가 가운데 몇 가지 점에서 독특한 위상을 가지고 있다. 전하는 작품이 가장 많은 화가, 자서전을 저술하는 등 방대한 기록을 남긴 화가, 노년에도 끊임없이 방랑에 가까운 주유(周遊)를 거듭한 화가, 평민에서 양반사대부·세도가에 이르는 폭넓은 교류를 한 화가라는 점 등에서 허련은 다른 화가들의 활동과 비교가 어려울 정도이다. 허련이 이와 같은 독특한 위상을 갖게 된 것은 그의 일생의 스승이자 후견인이 된 추사의 감화와 영향력 덕분임은 재론의 여지가 없다.

허련이 조선시대의 주요 유배지 가운데 하나인 진도에서 태어났다는 사실은 그의 인격·의식형성은 물론 일생 전반에 지속적인 영향을 미쳤다. 궁벽한 섬이라는 문화적 소외지에서 태어났기 때문에 중앙의 문화계와 화단을 의식할 수밖에 없는 상황에서 추사와 같은 대학자의 높은 평가는 그에게 한없는 자부심을 줌과 함께 더할 나위없는 힘이 되었다. 허련이 일생을 통해 방랑에 가까운 주유를 하게 된 원인도 방랑을 즐기는 그의 기질 탓으로 해석할 수도 있지만, 추사의 높은 평가를 통해 알려진 그의 예술을 인정해준 인사들을 찾아다닌 것으로 보는 것이 더욱 적절하다.

허련의 생애는 대체로 일생의 스승 김정희를 만나기 이전과 이후, 추사가 돌아간 다음의 세 시기로 나누어 보고 있다. 허련의 생애와 예술은 추사의 절대적 영향 하에 있다고 보아도 과언이 아니기 때문이다. 출생에서 초의의 소개로 32세에 추사를 만날 때까지를 초기, 추사에게 지도를 받고 헌종에게 입시하는 등 명성을 날리는 시기를 중기, 추사 서거 이후 86세에 돌아갈 때까지를 후기로 나누어 보는 것이다. 이 내용을 다시 살펴보면 잘 알려진 바와 같이 추사는 궁벽한 도서출신의 평범한 지방화가로 일생을 마칠 뻔했던 허련을 중앙화단으로 끌어 올려 허련의 회화와 일생에 전기를 마련해 주었다. 이것이 그의 일생에 있어 첫 번째 중대한 전환점이라 할 수 있다. 추사의 권유에 의해 서울에 올라온 허련은 김정희의 지도와 후원에 의해 여러 명사들과 교유를 하고 심지어 대내(大內)에 여러 차례 출입하여 헌종을 모시고 그림을 그리는 등 상상할 수도 없을 정도의 파격적 대우를 받았다. 대내에 출입한 42세 때(1849)를 전후한 시기가 그의 인생에서 최고의 정점에 오른 시기였다. 40대 초반의 황금기를 거쳐 그의 나이 49세 때에 추사가 돌아간 후 허련의 일생은 일변하게 되었다. 추사가 돌아가기 전까지가 그의 일생에서 중기라고 할 만하다. 추사의 서거를 전후하여 허련의 예술을 이해하고 후원한 인사들이 연이어 돌아가게 되자 그의 행동반경도 급격히 위축되었고 작품경향 역시 이전에 비하여 타성적 또는 반복적 경향이 심화되었다. 당대의 손꼽히는 명사들과 교유하던 최고의 화가에서 초라한 행색의 노화가가 된 이 시기를 후기라 할 수 있다.

중앙 문화계 중앙화단에 대한 허련의 집착은 그의 여정의 주요한 내용이 서울과 고향인 진도를 왕복하거나, 한때 거주했던 전주와 서울을 왕복하는 것이었다는 점만으로도 잘 드러난다. 허련의 주유경로는 다양해 보이지만 결국 호남지방과 서울을 왕복하는 것으로서 강원도, 경상도 등 다른 지방에는 가지 않았다. 허련이 추사의 첫 번째 유배지인 제주에는 세 차례나 갔지만 추사의 두 번째 유배지인 함경도 북청에 가지 않은 것은 아마도 경제적 어려움에 기인한 것으로 여겨진다. 서울에서 경기도, 충청도, 전라도를 거쳐 제주로 가는 길은 고향 가는 길과 대부분 겹치는 익숙한 길이고 아는 인물도 있어서 신세를 질 수 있었지만 강원도, 함경도는 비용 등의 측면에서 엄두가 나지 않았을 것으로 추정되는 것이다. 이와 함께 추사의 유배 기간이 1851년 7월에서 이듬해 8월까지 곧 1년여에 불과했던 것도 이유의 하나가 아닐까 싶다.

허련의 사대부문화 지향적 성향은 『소치실록(小癡實錄)』으로 통칭되는 『몽연록(夢緣錄)』과 『속연록(續緣錄)』을 위시한 숱한 자료를 남긴 것에서도 잘 드러난다. 일종의 자서전인 『소치실록』은 향촌의 잡사에서 사대부와 중인 · 여항문인화가들과의 교유, 추사를 중심으로 한 당시 상층문화계의 정황, 대내의 사정까지

02 | 허련이 남긴 숱한 기록류(부분).

를 두루 살필 수 있게 해준다는 점에서 19세기의 회화사·문화
사·사회사의 중요한 자료가 된다. 문인화가가 아닌 '직업적 화
가'로서 자서전을 남겼다는 사실자체가 19세기의 변화된 시대상
을 반영한다. 곧 조선 후기 여항문인들의 문화적 성장은 시사(詩
社) 결성과 문집 발간 등의 형태로 나타났는데, 19세기에 들어서
자서전을 남긴 직업적 화가가 출현했음을 보여주는 것이다. 이
밖에 아직 정리되지 않은 방대한 자료와 간찰은 그가 얼마나 기
록을 남기기를 즐겨했는지를 알 수 있게 해준다.(도 02) 현재까
지 대체적 수량이 파악된 자료의 대략적인 양도 상당하지만 아
직 정리되지 않은 자료까지 더한 다면 그 양은 훨씬 많아지게 된
다. 허련이 이렇게 방대한 자료를 남기게 된 것을 오직 그의 성
정이 부지런하고 기록을 남기기 좋아하는 습벽(習癖) 때문만으
로 간주하기에는 부족한 점이 많다. 허련이 이렇게 많은 기록을
남기게 된 것도 추사의 철저한 학습태도를 본받은 때문으로 여
겨진다. 허련은 노경에 접어들어서도 꾸준히 서울을 왕래하고
명사들과의 교유를 통해 문사적 취향을 즐김과 함께 이를 상세
히 기록함으로써 자신의 존재의의를 확인하였던 것이다.

허련은 많은 기록을 남겼을 뿐만 아니라 작품을 많이 남긴 것으로도 유명하다. 그가 무수한 많은 작품을 남긴 원인으로 그의 활동기간이 근대와 가깝고 86세까지 장수했다는 점을 우선 들 수 있다. 이와 같은 요인 외에 경제적 어려움도 추가될 수 있을 듯하다. 그가 남긴 기록으로 통해 보면 일용할 양식을 위하여 작품을 남발한 경향도 드러나곤 하기 때문이다.

3. 추사와 허련의 인연

허련에게 있어 추사는 단순한 스승이나 후견인을 넘어 일종의 종교의 대상과도 같았다. 추사와 허련의 만남은 당대 최고의 학승으로 손꼽히는 대선사 초의(草衣)에 의해 이루어졌다. 추사와 초의의 교유는 조선 말기 유불(儒佛)교류의 진면목을 보여준다는 점에서 일찍이 주목되었다. 허련이라는 무명의 화가를 중심으로 한 대안목(大眼目) 간의 문기(文氣) 넘치는 교유의 모습이 향기롭고 정겹다. 허련에 대한 추사의 평가와 허련의 추사에 대한 언급은 두 사람에게 있어서 각각의 존재는 어떠했는지를 직접적으로 알 수 있게 해주는 예라 하겠다.

1839년(헌종 5) 봄, 초의는 다산 정약용의 세거지인 경기도 양주군 두릉에 가던 길에 추사에게 허련의 그림을 보냈고, 추사는 허련의 그림을 본 후 초의에게 허련이 빨리 올라오도록 하라는 전갈을 하였다. 당시 초의에게 보낸 김정희의 편지를 보면, 허련의 청년기 그림에 대한 김정희의 평가가 잘 드러난다.

⋮

허군의 화격(畵格)은 거듭 볼수록 묘하니, 이미 품격은 이루었으나
다만 견문이 아직 좁아 그 좋은 솜씨를 마음대로 구사하지 못하니 빨리

서울로 올라와서 안목을 넓히는게 어떠하오?(許君畵格 重看益妙已足成格 特聞見有拘 不能快駛驥足函令上來 以拓其眼如何)

　　이와 같이 뛰어난 인재를 어찌 손을 잡고 함께 오지 못하였소? 서울에 와서 있게 되면 그 진보는 헤아릴 수 없을 것이오. 그림을 보매 마음 흐뭇하게 기쁘니 즉각 서울로 올라오게 하도록 하오.(如此絶才 何不携手同來 若使來遊京洛 其進不可量也 見之滿心懽喜 卽圖京行)

⋮

　　그 해 가을, 추사의 집인 서울의 장동(壯洞) 월성위댁(月城尉宅: 月城宮, 지금의 종로구 청운동)에서 김정희와 허련은 만나게 되었다. 궁벽한 진도에서 스승도 교재도 없이 홀로 그림을 익힌 화가 지망생 허련은 당대 최고의 학자 추사의 배려에 감읍(感泣)했고 장동 월성위궁에서 머무는 파격적인 대우를 받은 후 그림 솜씨가 일취월장하였다. 허련이 이후 얻게 된 명성은 물론 헌종에의 입시(入侍)를 하고 당대의 명류(名流)의 인정을 받게 되는 과정은 모두 추사의 은덕이 아닐 수 없다. 한마디로 출신과 지역을 뛰어넘는 과분한 대접을 받은 것인데 이로 인한 고마움은 허련의 뼈에 사무쳤다. 허련이 추사의 유배지인 제주도 대정에서 김정희를 만났을 때의 심정은 헌종에게 그 정황을 설명할 적에 다음과 같이 실감나게 표현한 바 있다. 존경하는 스승의 고난을 바라보는 제자의 고통이 처연하다.

⋮

　　나는 추사선생이 위리안치(圍籬安置) 돼 있는 곳으로 찾아가 유배생활을 하는 선생께 절을 올렸습니다. 나도 모르게 가슴이 메어지고 눈물이 앞을 가리었습니다. 그때의 심정이 어떠했겠습니까.(…拜候於圍籬中 自不覺胸塡掩泣 情更如何…)

⋮

고단한 유배지 제주에 세 번이나 목숨을 걸고 찾아와 오랜 기간을 모신 허련의 정성은 추사를 감동시켰다. 추사는 허련의 정성에 보답하듯 열의에 찬 지도를 하였다. 당시 초의에게 보내는 추사의 글은 어려운 현실 속에서도 최선을 다하는 스승과 제자의 모습을 엿볼 수 있게 해주며 추사의 만족스러운 표정마저 읽히는 듯하다.

⋮

  허치(許癡)는 날마다 곁에 있어 고화 명첩을 많이 보기 때문에 그런 건지 지난 겨울에 비하면 또 몇 격이 자랐습니다. 스님으로 하여금 참증(參證) 못하게 된 것이 한입니다. 현재 오백불(五百佛)의 진영(眞影)이 실린 수십 책이 있으니 스님이 만약 그것을 보면 반드시 크게 욕심을 낼 걸세. 허치와 더불어 나날이 마주앉아 펴 보곤 하니 이 즐거움이 어찌 다하겠습니까. 경탄하여 마지않습니다.(許癡 日在傍側 多見古畵名帖 比之前冬 又長幾格 恨未令師參證耳 見有五百佛眞影數十冊 師若見之 必大生欲矣 與許癡日日大閱 此樂何極 遠外艷歎不已)

  …날마다 허치에게 시달림을 받아 이 병든 눈과 이 병든 팔을 애써 견디어 가며 만들어 놓은 병(屛)과 첩(帖)이 상자에 차고 바구니에 넘칩니다. 이는 다 그 그림 빚을 나로 하여금 이와 같이 대신 갚게 하는 것이니, 도리어 한번 웃을 뿐입니다….(…日爲許癡所困 强此病眼病腕 所收屛帖 盈箱溢篋 皆其畵債 而使我代償如此 還覺一笑…)

⋮

1844년(헌종 10) 봄 추사는 자신의 유배지 제주도 대정(大靜)에서 나오는 허련에게 해남(海南)의 전라우수사(全羅右水使) 신관호를 추천하였다. 당시 신관호에게 보낸 글은 대개 신관호가 허련의 후견인이 되어 주었으면 하는 바람을 우회적으로 표현한 것으로 볼 수 있다. 이 글에서 추사는 허련의 인간과 그림에 대하여 "압록강 동쪽에는 이만한 그림이 없다"고 극찬했다. 이 대목은 허련의 회화를 소개할 경우 아직도 회자되는 내용인데, 타인에게 소개하면서 하는 의례적인 호평의 정도를 뛰어 넘는다.

김정희의 절찬에 따라 김정희를 따르는 이른바 '김정희파(秋史派)' 화가들 가운데에서 허련은 가장 인정받는 화가로 점차 이름이 알려지게 되었다.

⋮

허치(許癡)는 아직도 그곳에 있습니까? 그는 매우 좋은 사람입니다. 그의 화법이 우리나라의 누추한 습관을 깨끗이 씻어 버렸으니 압록강

03 | 허련, <동파입극상(東坡笠屐像)>, 종이에 수묵, 44.1×32.0cm, 일본 개인

04 | 허련, <완당선생해천일립상(阮堂先生海天一笠像)>, 종이에 담채, 51.0×24.0cm, 디 아모레 뮤지움

동쪽에는 이만한 그림이 없을 것입니다. 그가 다행히 주리(珠履: 權門
勢家의 門客)의 끝에 의탁하여 후하신 비호를 입고 있으니, 영감이 아
니라면 어떻게 이 사람을 알아주시겠습니까. 그 또한 제자리를 얻은 것
입니다.(許癡 尙在那中耶 其人甚佳 畵法 破除東人陋習 鴨水以東 無以
作矣 幸託珠履之末 深蒙厚庇 非令 何以見知此人 渠亦得其所矣)

　　　　　　　　　　　　　⁝

　허련이 김정희를 얼마나 존경했는지는 추사를 북송의 대문장
가 동파(東坡) 소식(蘇軾: 1036~1101)에 비긴 것을 통해서도 미
루어 짐작할 수 있다. 소식을 숭상하는 '숭소열(崇蘇熱)' 또는 '학
소(學蘇)' 풍조는 고려시대 이래 지속되었고 그의 시화일률사상
(詩畵一律思想)은 우리의 문인화에 큰 영향을 끼쳤다. 소식과 그
의 문학에 대한 존경은 꾸준히 이어져 소식을 숭상하는 문사들
은 소식이 「적벽부(赤壁賦)」를 지은 임술년(壬戌年) 7월 기망(旣
望: 음력 16일)이면 배를 띄워 놓고 시를 지었고, 그의 생일에는
'동파제(東坡祭)' 또는 '배파회(拜坡會)'를 가지며 그를 그리기도
했다. 허련은 〈동파입극상(東坡笠屐像)〉에서 얼굴만 달리 한 〈
완당선생해천일립상(阮堂先生海天一笠像)〉을 그렸다.(도 03,
04) 〈동파입극도〉는 소식이 원우연간(元祐年間: 1086~1094)에
중국 최남단 해남도로 귀양 갔을 때 갓(笠) 쓰고 나막신(屐) 신은
평복차림의 처연한 모습을 그린 것인데, 조선 말기에 다수 제작
되었다. 소식이 〈동파입극도〉에서 고개를 왼쪽으로 틀고 있는
것과 옷깃을 넓게 만든 것은 왼쪽 목 뒤에 혹이 솟아올라 있는
것을 감추기 위한 것으로서 〈완당선생해천일립상〉 역시 같은 방
식으로 그려져 있다.

4. 허련 예술의 의미

허련은 19세기 조선의 회화사에서 오원(吾園) 장승업(張承業: 1843~1897)과 함께 가장 중요한 화가의 하나이자 '호남화단의 실질적 종조(宗祖)'로 일컬어진다. 온전히 19세기를 살다간 허련은 지방출신으로는 거의 유일하게 19세기 서울의 서화문화의 흐름에 큰 역할을 하였고, 그 내용을 자신의 고향인 호남지방에 전파하여 호남 화단(畵壇)에 지대한 영향을 끼쳤다. 다시 말해 당대 예원(藝苑)의 최고 실력자인 추사는 황공망(黃公望)과 예찬(倪瓚)의 화법을 모범으로 하여 18세기 이후 조선 화단의 주

05 | 허련, ≪완당탁묵(阮堂拓墨)≫(부분), 1877 이후, 25.7×31.2cm, 판각본, 개인소장.

요한 흐름의 하나가 된 진경산수화풍 등을 비판하고 교정하려 하였고, 허련은 이러한 추사의 인식과 화풍을 지방(호남)으로 파급하는 역할을 하였다. 추사를 중심으로 한 서울 화단의 중국 지향적 경향과 서울 화단의 중국 지향적 경향의 지방적 반영이라는 2중적 구조를 허련의 회화활동이 보여주는 것이다. 또 허련의 교류의 범위는 위로는 왕족·척족에서 당대의 명사 및 여항문인, 지방의 이름 없는 숱한 문사 등에 이르렀다. 이와 같은 내용으로만 보아도 허련의 당대 문화계에서의 비중을 알 수 있는데, 여기에 치밀하고도 방대한 기록까지 남겼다는 점에서 그 중요성이 더욱 커진다.

앞에서 살펴 본 바와 같이 허련은 조선시대의 화가 가운데 몇 가지 점에서 독특한 위상을 가지고 있다. 전하는 작품이 가장 많은 화가, 자서전을 저술하는 등 방대한 기록을 남긴 화가, 노년에도 끊임없이 방랑에 가까운 주유(周遊)를 거듭한 화가, 평민에서 양반사대부·세도가 심지어 대궐에서 임금을 모시기도 하는 등 폭넓은 교류와 활동을 한 화가라는 점 등에서 허련은 다른 화가들과 뚜렷이 비교가 된다. 허련이 이와 같은 독특한 위상을 갖게 된 일차적 원인은 물론 그의 뛰어난 그림 솜씨 때문이지만, 일생의 스승이자 후견인이 된 추사의 감화와 영향력이 그의 생애에 절대적 영향을 주었음은 잘 알려진 사실이다.

허련이 조선시대의 주요 유배지 가운데 하나인 진도에서 태어났다는 사실은 그의 인격·의식형성은 물론 일생 전반에 지속적인 영향을 미쳤다. 궁벽한 섬이라는 문화적 소외지에서 태어났기 때문에 중앙의 문화계와 화단을 의식할 수밖에 없는 상황에서 김정희와 같은 대학자의 높은 평가는 한없는 자부심을 줌과 함께 더할 나위없는 힘이 되었다. 허련이 일생을 통해 방랑에 가까운 주유를 하게 된 원인도 방랑을 즐기는 그의 기질 탓으로 해석할 수도 있지만, 추사의 높은 평가를 통해 알려진 그의 예술을 인정해준 인사들을 찾아다닌 것으로 보는 것이 더욱 적절하다. 고령에도 불구하고 힘겨운 방황을 계속했던 것도 이러한 측면에서 대체적인 해석이 가능하다고 본다. 중앙 문화계·중앙화단에 대한 허련의 집착은 그의 여정의 주요한 내용이 대체로 서울과 고향 진도를 왕복하거나, 한때 거주했던 전주와 서울을 왕복하는 것이었다는 점만으로도 잘 드러난다. 허련의 주유경로는 다양해 보이지만 결국 호남지방과 서울을 왕복하는 것으로서 경기도 이북은 물론 강원도, 경상도 등에는 가지 않았던 것이다.

이처럼 허련의 일생과 회화활동의 의미를 해석하는 데에는 '사대부문화 지향적 가치관'과 '문화적 소외의식의 극복'이라는 두 전제가 중요한 관건이 된다. 곧 진도라는 문화적 소외지에서 태어난 평민이라는 한계를 떨쳐버릴 수 없었던 그의 의식구조와 당대 최고의 학자이자 서화가인 추사의 극찬은 그의 일생을 규정하였다. 허련의 화풍이 고답적(高踏的)으로 된 것을 수도권에서 떨어진 지방으로서 갖는 지방 문화유형의 하나로 보는 시각도 있지만 그를 입신(立身)하게 해준 추사의 영향 때문으로 해석하는 것이 보다 설득력이 있다. 허련이 노년에도 서울을 왕래하고 여러 세도가들의 융숭한 대접을 받기도 하지만 허련을 후하게 대우한 인물들은 대개 추사와 교류가 있었거나 추사를 추숭하는 인물들이었음을 유의해야 한다. 추사가 생존해 있었을 때에는 물론이고 추사의 사후에도 허련이 사의적이고 고답적인 문인화를 줄곧 그렸던 원인은 수요자들이 그에게 요구한 그림이 결코 새로운 경향의 그림이 아닌 추사가 지향했던 남종문인화의 세계였기 때문이다.

[추사 김정희와 소치 허련 주요 연보]

서기	재 위	추사 김정희(1786~1856)	소치 허련(1808~1893)
1786	정조 10	生(6월 3일)	
1808	순조 8	禮安 李氏를 再娶로 받아들임(23세)	生(2월 7일)
1809	순조 9	生員試 일등합격(24세) 金魯敬의 子弟軍官으로 연경에 감	어릴 적부터 그림을 좋아함. 숙부에게서『五倫行實圖』를 추천받아 여름 석 달을 걸려 4권을 그림
1810	순조 10	1월, 阮元·翁方綱 등을 찾아뵙고 師弟義를 맺음	
1823	순조 23	奎章閣 待詔가 됨(38세)	
1835	헌종 1		해남 대둔사에서 草衣와만남(28세).
1839	헌종 5	허련(32세), 草衣의 소개로 상경하여 壯洞 月宮宅(月城宮)에서 추사(53세)의 문하생이 되어 書畵修業을 함	
1840	헌종 6	8월 20일 禮山에서 추사(54세)가 尹尙度 獄事에 연루되어 유배당하는 것을 허련(33세)이 목격함	
1841	헌종 7	2월. 허련, 대둔사를 경유하여 추사(56세)가 유배된 제주도 大靜에 감(34세)	
1843	헌종 9	7월. 허련(36세), 李容鉉의 제주목사 부임에 동행하여 제주로 감 허련, 제주목사의 막하에 있으면서 추사(58세) 유배지 왕래	
1844	헌종 10	봄. 추사(59세) 제주도를 나가는 허련(37세)에게 전라우수사 申觀浩를 소개	
1847	헌종 13	허련(40세), 대정으로 추사(62세)를 찾아감.〈소동파입극상〉그림	
1848	헌종 14	12월. 유배에서 풀려남(63세)	서울 椒洞 신관호의 집으로 올라옴(41세)
1849	헌종 15	추사(64세) 귀경	헌종에 入侍 (5회, 昌德宮 樂善齋, 42세)
		추사. 6-7월 김수철, 허련, 이한철, 전기, 유숙 등에게 서화를 지도품평 함(『藝林甲乙錄』)	
1851	철종 2	7월. 함경도 北靑으로 유배(66세)	〈墨梅圖〉그림(田琦 題, 44세)
1852	철종 3	8월. 解配. 아버지 묘소가 있는 果川에 은거(67세)	초의를 다시 방문함 〈一粟山房圖〉그림(45세)
1855	철종 6	봄. 허련(48세) 瓜地草堂으로 추사(70세) 찾아 뵘	
1856	철종 7	卒(10월 10일, 71세)	珍島에 雲林山房 건축(49세)
1857	철종 8	6월. 사면·復官 됨	
1867	고종 4	門人 南秉吉,『阮堂尺牘』(2권 2책), 『覃揅齋詩藁』(7권 2책) 간행	『夢緣錄』저술(60세)
1868	철종 9	남병길,『阮堂集』(5권 5책) 간행	《葫蘆帖》제작(61세)
1877	고종 14	허련(70세), 남원 선원사에서 추사의 書本을 板刻	
1878	고종 15	추사의 생일인 6월 3일. 추사 묘소에 참배	
1879	고종 16		1월. 민영익 집에서 귀향길에 오름.『續緣錄』저술(72세)
1893	고종 30		卒(9월 6일, 86세)
1934		김익환,『阮堂先生全集』 (10권 5책) 간행	

명화 읽어주는 박물관

조선후기 춘화

이태호 명지대학교 미술사학과 교수, 문화예술대학원장

▲ 신윤복, 청금상련, 혜원전신첩, 종이에 수묵담채, 35.6×28.2cm, 간송미술관 소장

조선후기 춘화
– 몸을 사랑한 그림,
《운우도첩雲雨圖帖》과《건곤일회첩乾坤一會帖》 –

1. 단원과 혜원을 계승한 우리 춘화의 매력

단원(檀園) 김홍도(金弘道)와 혜원(蕙園) 신윤복(申潤福)의 화풍을 계승한 19세기 전반경의《운우도첩雲雨圖帖》과 1844년경의《건곤일회첩乾坤一會帖》은 조선후기 춘화의 대표작이다.[1] 두 화첩의 성희(性戱) 그림은 조선후기의 수준 높은 회화성을 보여주는, 한국 춘화(春畵)의 백미로 손꼽을 만하다. 조선후기에 이들 춘화첩의 등장은 이웃나라 중국이나 일본에 비해 한두 세기 늦은 편이다. 또 중국의 명·청(明淸)시대나 일본의 에도(江戶)시대에 춘화가 크게 유행했던데 비해, 우리나라에서는 '유행'이라고 할 만큼 많이 그려지지 않았다. 그 이유는 명분과 체면을 중시한 유교이념이 사회적으로 뿌리 깊게 잡혀 있었고, 특히 상업의 발달이 더뎌 경제력이 당시 중국이나 일본보다 뒤떨어졌기 때문일 게다.

이런 정황에서 19세기나마《운우도첩雲雨圖帖》과《건곤일회

---

1) 이 두 화첩은 2012년 1월 15일~2월 24일 현대갤러리 두가헌에서 대중에게 처음 공개 전시되었다.(『옛사람의 삶과 풍류 -조선시대 춘화-』, 갤러리현대·두가헌, 2012) 여기에 소개한 글은 그 전시 도록에 필자가 쓴 글을 보완한 것이다.

첩乾坤一會帖》같은 춘화첩이 그려졌다는 사실만으로도 문화적
긍지를 갖게 한다. 두 춘화첩은 그동안 잡지나 책에 실려 왔기
에 눈에 익지만, 실물 전체가 전시공간에 펼쳐져 대중에게 공개
된 적이 없었다. 드디어 우리나라 춘화의 대표작이 온전히 처녀
성을 잃게 된 셈이다. 이번 갤러리 현대에서 선보이는 두 춘화첩
은 풍속화전과 함께 꾸며진다. 그동안 춘화가 전시된 적은 몇몇
있었지만, 춘화 전람회와 동시에 전시작품을 도록으로 발간하는
일은 더욱 이번이 첫 번째가 아닐까 싶다. 개인화랑에서 마련한,
우리 춘화의 새 역사를 쓰는 획기적인 일이다.

　춘화는 인간의 성행위와 관련된 그림을 일컫는다. '춘화'라는
명칭은 중국에서 시작하여 한국과 일본에서도 같은 의미로 쓴
다. 춘화는 '春華 혹은 春花, 春和'라고도 하며, 섹슈얼리티와 관
련된 이미지로는 춘심(春心), 춘의(春意), 춘정(春情), 춘흥(春
興) 등이 있다. '춘(春)'자의 사용은 봄이 가진 의미와 무관하지
않다. 겨울을 지나 만물이 소생하고, 온갖 꽃이 만발하며 생동하
는 계절이기에 봄 '춘(春)'자가 붙여졌을 법하다. 기력이 왕성한
젊은 시절을 청춘(靑春)이라고 부르는 이유도 그 때문이다. 한어
대사전(漢語大辭典)에서는 춘화의 '춘(春)'에 담긴 자의(字義)를
『시경(詩經)』 소남편(召南篇)에 '정욕을 품은 여인이 있어 잘생
긴 선비가 유혹하네(有女懷春 吉士誘之)'라는 구절에서 찾는다.

　동아시아에서는 인간을 잉태하는 생명의 원천이자 자연의 천
리(天理)로서 남녀의 사랑을 봄에 빗댔다. 성행위의 왕성한 에
너지 정교(情交)와 음양조화는 유교나 도교 사상에 뿌리를 둔
다. 춘화첩의 별칭으로 비와 구름이라는 의미의 '운우(雲雨)', 또
는 여자와 남자 음양(陰陽)이 만나는 '건곤일회(乾坤一會)'라 부
르는 점에도 그런 생각이 담겨 있다. 그래서 성교를 통해 신선의
경지에 오르고자 했던 도가(道家)의 방중술(房中術)은 다양한

체위를 표현하는 춘화 도상의 밑거름이었다. 여기에 성행위를 엑스타시로 여긴 카마 스투라를 비롯하여 힌두교나 서아시아 종교의 영향을 받기도 했다.

여러 가지 성교의 체위를 담은 화첩이나 애정소설의 삽화에 등장한, 동아시아 춘화(春畵)의 용도는 다양했다. 더 나은 성희를 즐기기 위한 감상, 도가의 방중술이나 종교적 해탈, 신혼부부의 성교육 교과서, 다산(多産)의 기원, 노인을 위한 회춘(回春) 등으로 그려졌을 것이다. 그런데 춘화는 남녀의 정상적인 성행위만을 담은 것으로 그치지 않는다. 춘화첩은 음화(淫畫)라고 불리듯이 색정이 넘치고 최음적(催淫的)인 표현으로 인간의 쾌락적 욕망을 담는다. 이는 아이를 낳기 위해 누구나 다하는 짓이면서 황홀경을 즐기는, 성문화의 이중적 요소이기도 하다. 동시에 춘화는 인간이 살았던 시대의 매력 넘치는 문화사료이자, 회화작품으로 당당하게 꼽을 예술영역이다.

한국문화사에서 성(性) 표현은 삼천년 전 청동기시대의 암각화나 청동기에 새겨진 성기 노출의 인간상이나 교미하는 동물표현부터, 그 역사가 깊다. 그 이후 마을공동체의 민속놀이, 민담과 노동요, 질탕한 사랑의 시소설이나 연희(演戱), 춘화에 이르기까지 성애묘사는 은유보다 직설화법이 많다. 《운우도첩雲雨圖帖》이나 《건곤일회첩乾坤一會帖》두 화첩에 그려진 춘화도 상당히 도색(桃色)적이다. 성희장면의 인체묘사나 자세는 대담하며, 낭만이 흐르는 에로시티즘을 물씬 발산한다. 천연스레 솔직하여 인간의 원초성을 유감없이 감상할 수 있도록 해주는 게 우리 춘화의 흥(興)이자 휴머니티이다. 또한 회화 기량이 뛰어난 화원 솜씨의 예술성을 보여주며, 춘화에 등장한 인물상들과 배경표현은 조선후기의 시대상을 읽게 해준다.

이 두 춘화첩에는 남녀노소(男女老少)와 신분고하(身分高下)

01 | 신윤복, 청금상련, 혜원전신첩, 종이에 수묵담채, 35.6×28.2cm, 간송미술관 소장

의 다채로운 인물들이 등장한다. 남성은 점잖은 중년이나 노년의 양반사대부가 주인공이고, 여인들은 기녀뿐만 아니라 머리에 첩지를 장식하거나 삼회장저고리를 입은 양반가의 부인도 적지 않다. 남녀의 조합은 부부사이, 나이 지긋한 노인과 젊은 여성, 중년 부인과 청년, 노인부부, 창가(娼家)의 직업여성, 젊은 여성들과 한 청년의 혼교, 성희를 훔쳐보는 소년이나 여인, 동성애 등이 그려진다. 이들 춘화에 등장한 인물들은 부적절한 관계가 많고, 대체로 계면쩍은 듯 무덤덤한 표정을 짓는다.

이처럼 다양한 성희의 춘화는 윤리관이 흐트러진, 유교의 도덕개념으로는 철저히 타락한 당대의 성문란을 보여준다. 사방관이나 탕건을 쓴 차림으로 성교하는 사대부 양반층에 대한 조롱이나 승려와 양반 부인의 설정도 사회상을 숨김없이 드러낸다. 이들은 특히 중세적 유교의 엄격주의를 깨는 일에, 춘화가 더없이 좋은 예술적 소재였음을 시사한다. 김홍도와 신윤복의 풍속화에 이어 등장한 19세기의 춘화에는 조선 몰락기 신분사회에 대한 풍자와 농담이 짙게 깔려 있다.

또한 우리 춘화에서 봄과 여름의 성행위 그림은 대낮 화사한 분홍빛의 진달래 밭이나 녹음 진 개울가, 연녹색 봄버들의 달밤 연못가 등 주로 야외 장면을 담았다. 열린 공간에서 온몸을 드러내고 자연과 교감을 이루는 성희그림은 우리 춘화만의 독특한 매력이다. 중국이나 일본의 춘화에도 야외장면이 있으나, 대체로 산들보다 꾸며진 정원이 그 배경이어서 우리와 다른 감성이다. 가을과 겨울, 초봄까지는 방안의 성행위가 그려져 한국의 기후적 특징을 적절히 반영한다. 국화나 홍매분재, 개나리 등을 통해 계절 감각을 나타내고, 창문이나 벽장, 요와 베개, 책장과 탁자, 화로, 요강 등 방안꾸밈은 소박하고 단촐한 조선적 분위기를 자아낸다.

춘화의 생명력과 가치는 남녀 성행위의 과감하고 적나라한 묘사에 있다. 비록 현존하는 작품이 적지만,《운우도첩雲雨圖帖》과《건곤일회첩乾坤一會帖》의 노골적인 표현처럼 조선후기 춘화의 체위는 현대의 포르노그래피 못지않다. 우리 선조들이 상상 이상으로 성에 대한 의식이나 시선이 개방적이었음을 살피게 해준다.

때론 해학적이면서 낭만이 흐르고, 때론 과장하지 않고 가식 없는 에로티시즘이 우리 춘화의 감칠맛이자 아름다움이다. 자연과 인간이 어울려 그 속에서 호흡하는 성표현은 생동감 넘치며, 안정된 회화적 조형미는 빼어나다. 한국춘화의 이러한 격조는 우리보다 앞서 크게 발달한 중국과 일본의 그것과 어깨를 겨

룰 만큼 사랑스럽고, 그들과 구별되는 한국적인 품위와 예술성
을 뽐낸다.

2. 조선후기 춘화의 등장배경, 풍속화 그 이후

한국미술사에서 춘화는 조선후기 풍속화의 발달 이후에 등장
했다. 따라서 춘화는 풍속화로서 문화사적 가치를 갖는다. 숙종
영조시절 공재(恭齋) 윤두서(尹斗緒: 1668~1715)나 관아재(觀
我齋) 조영석(趙榮祏: 1686~1761) 등 문인화가에 의해 포착되기
시작한 서민생활상은 정조·순조시절 탁월한 묘사력의 화원 단
원(檀園) 김홍도(金弘道)나 혜원(蕙園) 신윤복(申潤福)에 이르러
풍속화로 완성되었다. 단원과 혜원은 삶의 일상은 물론 남녀의
애정사(愛情事)까지 소재를 확산시켰고, 해학적 풍자와 골계미
로 시대감정을 실어냈다.

조선후기 풍속화는 그 주요대상으로, 여성을 부각시킨 점 또
한 주목된다.[2] 딸이자 며느리이고 어머니이자 부인으로서 애달
픈 인생부터 억압을 풀어내는 신명나는 삶까지, 여성이 남성보
다 우리의 예술적 감성을 울려준다. 이러한 풍속화의 진면목은
영조·정조시절의 김홍도보다 순조시절의 신윤복에 의해 발현
되었다. 특히 신윤복은 남녀의 만남과 노골적인 성적 이미지를
구사하여 당대 신분사회를 질타하거나 조롱하는 시각을 뚜렷이
하였다. 춘화에 나타난 유교적 엄격성이 무너지는 양태 역시 신
윤복 풍속화를 승계한 그 다음의 사회상을 반영한 것이다.

---

2) 이태호,『풍속화』하나·둘, 대원사, 1995~1996. ; 이태호,「시대를 담은 여속도 :
   조선후기를 빛낸 화가들의 사실정신」,『화원』-조선시대화원대전 도록, 삼성미술
   관 Leeum, 2011.

　생활그림에서 춘화로 이어진 풍속화의 발달은 17~18세기 경제력 성장과 맞물려 있다. 춘의를 담은 풍속화와 춘화는 조선후기 문화의 새로운 변화를 시사하며, 동아시아는 물론 종교적 외피의 서아시아, 근대사회를 이룬 유럽의 미술사에서도 비슷한 시기에 나타나는 유사 에로티시즘 미술이다. 현존하는 작품사례로 볼 때 우리의 춘화는 세도정치나 삼정의 문란, 그리고 민중봉기 등으로 이어지고 유교이념이 급격히 흔들리는 순조(재위 1800~1834)시절 이후, 19세기에 주로 그려졌다.

　춘화는 조선사회의 몰락기이자 문화적 쇠퇴기의 문예영역인 셈이다. 동시에 춘화의 경향성은 새로운 시대에 대한 열망을 드러낸다. 근대사회로 변동하는 시대상을 적절히 구실하는 증거로 내세울 만하다. 누구나 다 하고 언제나 해오던 인간의 성행위가 예술적 소재로 혹은 회화의 대상으로 조선후기시절에 선택되었다는 점에서, 춘화는 커다란 역사적 의미를 갖는다. 지금의 포르노 예술 역시 먼훗날 우리시대의 사회상을 해석하는 근거일 터이다.

　조선후기에는 춘화가 등장할 조건이 충족되어 있었다. 경제력 성장과 함께 성리학 이념을 기반으로 삼던 예교(禮敎)와 풍속(風俗)이 흐트러져 있었고, 일본이나 중국 등 이웃나라에서 춘화가 대거 유행했던 점에서 그 시대적 여건을 찾을 수 있다. 18~19세기를 걸쳐 살았던 문무자(文無子) 이옥(李鈺: 1760~1812)의 남녀풍속에 관련한 글이 당대의 변화된 분위기를 잘 전해준다. 풍속화의 발달과 춘화의 등장, 그리고 그 이념적 배경이 고스란히 담겨 있는 이옥의 글을 소개한다.

．

　대저 천지만물에 대한 관찰은 사람을 관찰하는 것보다 더 큰 것이 없고, 사람에 대한 관찰은 정(情)을 살펴보는 것보다 더 묘한 것이 없고, 정에 대한 관찰은 남녀의 정을 살펴보는 것보다 더 진실된 것이 없다.

… 남녀의 정에 있어서만은 곧 인생의 본연적인 일이고, 또한 천도의 자연적인 이치인 것이다.

그러므로 혼례를 올리고 화촉을 밝힘에 서로 문빙(問聘)하고 교배(交拜)하는 일도 진정(眞情)이며, 내실 경대 앞에서 사납게 다투고 성내어 꾸짖는 것도 진정이며, 주렴 아래나 난간에서 눈물로 기다리고 꿈속에서 그리워함도 진정이며, 청루(靑樓) 거리에서 황금과 주옥으로 웃음과 노래를 파는 것도 진정이며, 원앙침(鴛鴦枕) 비취금(翡翠衾), 홍안(紅顔) 취수(翠袖)를 가까이하는 것도 진정이며, 서리 내리는 밤의 다듬이질이나 비 오는 밤 등잔 아래에서 한탄을 되씹고 원망을 삭이는 것도 진정이며, 꽃 그늘 달빛 아래에서 옥패(玉佩)를 주고 투향(偸香: 남녀가 몰래 정을 통함)하는 것도 진정이다. … 천지만물에 대한 관찰도 이 남녀의 정에서 살펴보는 것보다 더 진실된 것이 없다.[3]

:

보편의 윤리관을 완연히 벗어난 건 아니지만, 그 의식이 파격적이다. 당대의 문인(文人) 이옥이 여성의 애환이나 기쁨을 실감나게 설파한 생활상은 김홍도나 신윤복의 풍속도 화면을 연상시킬 정도이다. 불경스런 남녀의 은밀한 정교(情交)마저 구분 짓지 않고 인간의 진정성으로, 춘화처럼 생각이 열려 있어 주목된다. 뿐만 아니라 조선후기에는 애정소설이나 사설시조, 그리고 판소리 등 문예작품에도 남녀의 성희와 애정사가 풍부하게 묘사되었다. 이는 춘화가 발달할 수 있었던 직접적인 배경이기도 하다. 그 한 예로 영조시절의 문인관료인 이정보(李鼎輔: 1693~1766)의 사설시조 한 수를 들어보자. 성행위를 노골적으로 묘사한 구절들이 질탕하다.

:

어젯밤 자고 간 그놈, 아마도 못 잊을 거야. / 기와장이 아들이었나

---

3) 李鈺,『俚諺』中 '二難' ;『역주 이옥전집』2권, 실시학사 고전문학연구회 역주, 소명출판, 2001.

마치 진흙을 반죽하듯이, 뱃사공의 손재주였나 마치 노 젓듯 하듯이, 두
더지의 아들이었나 마치 곳곳을 파헤치듯이, 평생에 처음이요 마음이
야릇해지더라. / 그간 나도 겪을 만큼 겪었으나, 정말 맹세하건대 어젯
밤 그 놈은 차마 못 잊을 거야.[4]

                       ⋮

    이외에도 남녀의 춘정을 읊은 노동요나 민요, 연희나 민속예
술, 또 남근석이나 여근곡 같은 민간의 성 신앙적 조형물, 그리
고 줄다리기나 풍어제 같은 공동체문화에 노골적인 성애표현이
두드러져 있다.[5] 조선후기 애정소설이나 사설시조 못지않게 꼭
두각시극이나 탈춤놀이 등의 연행(演行)들이 화끈하고 개방적인
성향을 띠었다. 한국춘화의 매력 가운데 홀딱 벗은 남녀의 성행
위 장면이 많은 점은 이런 맥락과 같이 한다.
    조선시대 민간의 음담패설을 모은 『고금소총』에 조선초기 선
비화가 사숙재(私淑齋) 강희맹(姜希孟: 1424~1483)의 『촌담해이
村談解頤』와 후기의 화원화가 옥산(玉山) 장한종(張漢宗: 18~19
세기)의 『어수신화禦睡新話』가 수록되어 있어 흥미롭다.[6] 예나
지금이나 화가들 가운데는 입담이 좋고 애주호색(愛酒好色)을
즐기는 사람들이 많은 점에 비추어 그럴 만하다. 이로 미루어 보
면 춘화가 폭넓게 확산되었을 법하다. 그런데 현존하는 춘화의
수량이 이웃나라 중국이나 일본보다 너무 적고, 한두 세기 늦게
사 출연했다.
    장한종이 수원(水原) 감목관(監牧官) 시절 열청재(閱淸齋)에
서 지은 『어수신화』 혹은 『어수록禦睡錄』의 130꼭지는 『고금소

---

4) 朴乙洙 編著, 『韓國時調大辭典』, 亞細亞文化社, 1991.
5) 이태호, 「공동체놀이문화의 표출된 성의 형상화」, 『남도민속학의 진전』 동은지춘
    상박사정년기념, 태학사, 1998. ; 이태호, 『미술로 본 한국의 에로티시즘』, 여성
    신문사, 1998.
6) 『古今笑叢』, 민속자료간행회, 1958.

총』에서 가장 많은 다작이며, 대표성을 가진다.[7] 절반 이상이 음
담패설이다. 도화서에서 그림을 그리면서 주고받았을 그야말로
'잠을 쫓는 이야기(禦睡錄)'로, 마치 조선후기 야한 풍속도나 음
란한 춘화첩의 스토리텔링이 될 정도이다. 화가가 이런 수준의
소설을 썼는데 비해, 장한종의 춘화가 전해오지 않아서 아쉽다.
더욱이 장한종은 정조 시절《화성능행도華城陵行圖》(1795년)
제작에 참여했으며, 단원화풍의 계승자였다. 〈어해도魚蟹圖〉를
제일 잘 그려 유명한 화가였다. 그런 실력이면《운우도첩雲雨圖
帖》정도는 충분히 그려냈을 법하다.

3. 19세기 전반의《운우도첩雲雨圖帖》

조선후기의 춘화 가운데 가장 회화성이 뛰어나고 단원과 혜
원풍의 격조를 유지한 작품은《운우도첩雲雨圖帖》이라 불려온
화첩이다. 구름과 비의 '운우(雲雨)'는 성희를 뜻하며 가장 즐겨
쓴 은유적 표현이다. "구름은 여성의 분비물을, 비는 남성의 정
액을 상징한다."고도 한다. 개인소장으로 분첩(分帖)되어 10여
점 가량이 공개된 적이 있고, 원래 40점으로 꾸며진 화첩이라 전
해온다. 화첩에 그려진 전체 도상을 종합할 수는 없으나, 공개된
대부분의 춘화들은 가장 걸작에 속한다. 약간의 부푸러기나 이
물질이 섞여 있으나 고운 조선종이에 그린 점에서도 품격이 느
껴진다.
　이 춘화첩에서 널리 알려진 10점의 야외 분위기나 실내 치장
을 보면, 계절에 맞춘 남녀의 사랑법과 성교의 체위를 조합시켜

---

7)　閔淸齋,『禦睡錄』, 正音社, 1947.

02 | 작자미상, 운우도첩에서, 종이에 수묵담채, 28×38.5cm, 개인소장

놓은 것이다. '사계춘화첩(四季春畵帖)'이라고 불러도 좋을 성싶
다. 이 가운데 5점으로 꾸민 화첩 한 권의 표지에 '단원선생진품
(檀園先生眞品) 운보배관(雲甫拜觀)'이 딸려 있다. 운보 김기창
이 그림마다에 찍힌 음각의 '김홍도인(金弘道印)'과 양각의 '단원
(檀園)' 도장 때문에 김홍도의 그림으로 본 것이다. 워낙 배경이
단원의 산수화풍을 닮아 그렇게 단정했고, 세간에 단원 그림으
로 알려져 있다.[8] 그런데 이 도장 두 방은 후낙관(後落款)이고,
'단원(檀園)'의 양각 도인(圖印)은 조금 생소한 편이다. 1남2녀가
벌이는 성희장면에는 '단원(檀園)'과 '김홍도인(金弘道印)'이 겹
쳐 찍혀 있기도 하다.
　산언덕과 나무 묘사법의 배경산수가 수준급인 데다가, 단원

8)　『한국의 춘화』, 미술사랑, 2000.

화풍을 닮아 누군가 그렇게 김홍도의 도장을 찍은 모양이다. 실제 단원의 화법은 김득신 · 신윤복 이후 엄치욱 · 이명기 · 김양기 · 장한종 · 조정규 · 변지순 · 이재관 · 김하종 · 이한철 · 백은배 · 유숙 · 장승업 · 안중식 능에 이르기까지 19세기 내내 유행했다. 《운우도첩雲雨圖帖》의 춘화그림은 사선식 구도와 배경표현에 얼핏 김홍도 50대 이후의 산수화풍을 보여준다. 하지만 잔붓질이 복잡하고 김홍도다운 까실한 골기가 적다. 수묵의 농담처리나 담먹과 담채에 물기가 많아서 김홍도 화풍보다 부드러우며, 붓끝의 탄력은 섬약한 편이다. 전체적으로 김홍도의 기량에는 조금 못 미친다. 하지만 《운우도첩雲雨圖帖》의 배경표현은 오히려 은근하고 신선감이 감돌아 남녀 상렬지사의 분위기를 살리는 데는 한층 효과적이다.

김홍도는 유곽풍정을 그렸던 것으로 전해오고,[9] 목화밭이나 빨래터에서 일하는 여인들을 남정네가 훔쳐보거나, 우물가에서 벌이는 남녀의 수작 정도의 풍속도를 남겼다. 하지만 춘화첩에 등장한 인물묘법은 김홍도보다는 신윤복의 화풍에 가깝다. 약간 미세한 손 떨림의 옷 주름이나 인물 필선, 그리고 사람들의 무표정한 얼굴표현은 신윤복류 스타일이다. 특히 여인들의 머리모양, 크고 풍성한 가체는 김홍도보다 신윤복 그림의 그것과 유사하다. 김홍도 풍속도에 보이는 여인의 머리 수식首飾은 가체가 그리 크지 않은 편이다.

(1) 자연과 어울린 봄 여름의 야외 성희

①《운우도첩雲雨圖帖》에서 봄의 색정은 담홍색 진달래가 흐

---

9) 徐有榘,『林園十六誌』

드러진 곳에 은밀한 남녀의 성희에서 피어오른다. 붉은 빛 진달래꽃들과 연푸른 바닥은 두 남녀의 성정을 돋우기 충분하게 봄 내음이 화사하다. 먹색의 맑은 농담과 번짐, 짧은 붓질의 반복으로 묘사한 언덕과 진달래 나뭇가지의 표현은 전형적인 단원식 산수화풍이다. 이런 자연과 더불어 벌이는 야외의 성행위 장면 포착은 우리 춘화가 지닌 매력이다. 엉덩이만 깐 채 맨바닥에 질펀하게 앉은 남자가 여인을 뒤에서 품에 안은 포즈이다. 근래 취화선이나 전통사극에서 흔히 패러디되는 도상이기도 하다. 신윤복의 〈연당야유蓮塘野遊〉화면의 왼편에 사방관을 내려놓고 여인을 껴안은 양반과 유사한 자세이다.

자리도 깔지 않고 옷을 입은 채 진행되는 성행위로 보아 준비가 안 된 상태에서 진행되는 일임을 알겠다. 젊은 양반 댁 자제들이 봄 풍류를 나섰다가, 눈이 맞은 여인과 은밀한 곳을 찾아든 모양이다. 치마 안에 열두 겹을 입었다는데도 불구하고, 이렇게 예정에 없이 성교가 가능하니 놀랍다. 한복의 기능성을 다시 생각게 한다. 망건을 쓰고 배자를 걸친 청년은 버거워 누나뻘 여인의 등판에 잔뜩 얼굴을 묻은 자세로 치마를 끌어안은 듯하다. 단속곳을 내리고 곰방대를 문 여인은 길게 즐기려 한 모양인데, 고개를 돌리며 불만족스럽단다. 풍성한 가체와 삼회장저고리에 쪽색 남치마를 받쳐 입은 사대부가의 여성 복장이다. 기생일지라도 상당히 지체 높은 양반의 애첩일 게다.

② 봄의 황홀한 쾌락은 보름달 달빛 아래 연못가에서 펼쳐지기도 한다. 은밀한 곳이 아닌 버드나무가 자라는 훤히 열려진 들, 새 잎에 봄물이 오른 늙은 봄버들 너머로 돗자리를 깔고 발가벗은 전라全裸의 남녀가 성희를 즐긴다. 앞 그림의 준비 안 된 행위에 비해, 계획된 만남 같다. 남자는 위, 여자는 아래의 가장 보편적인 귀등식(龜騰式) 체위이다. 여인을 덮친 남자는 그야말

로 거북이가 뛰어오를 듯하다. 묘사력이 상당했을 화가의 솜씨인즉, 분명 모델링을 하였을 법하다. 상체를 잔뜩 들어 올린 여인의 표정은 한창 오르가즘에 이른 것 같다. 남자의 허리를 휘어감은 양손과 양발이 생동감난다. 특히 등 위에 V자를 이룬 양발의 발가락마저 고양된 춘흥에 잔뜩 긴장해 있다. 그만큼 남정네는 능숙한 기술을 지녔을 법한 듬직한 나이이다.

여인의 바짝 든 상체와 나란한 버드나무의 사선식 배치가 눈에 띤다. 화가의 빼어난 공간운영 감각을 보여준다. 자연과 인간이 하나 되게 어울려 놓은 화면구성이다. 이 화첩 가운데 배경산수의 회화성이 가장 돋보이는 그림이다. 또 비스듬히 기운 버드나무와 그 가지 사이에 뜬 보름달, 연녹색 언덕과 잡풀처리에는 휘영청 봄 달밤의 상쾌함이 일렁인다. 이들 배경의 필치는 그대로 단원화풍에 근사하다. 조선후기 춘화 가운데 앞의 진달래 밭에서 벌어진 장면과 더불어 양대 명작으로 꼽을 만하다.

③ 한여름 남녀의 성정은 깊은 계곡 시원한 개울가에서 탁족(濯足)을 하다가도 일어난다. 본디 탁족은 한여름 피서 겸 명상으로 자연과 교감하는 양반문인들의 문화이다. 탁족 현장에서 눈에 드는 여인이라도 만나게 되면 샛길로 빠지기 십상이다.《운우도첩雲雨圖帖》에 살 붙이고 서로의 성기를 희롱하는 그림이 그 좋은 예이다. 이마에 망건 자욱이 선명한 중년의 남정네가 여인과 탁족을 즐기다 물가에 비스듬히 누워 있다. 여인의 손길 탓인지 남자의 전신에 전율이 흐른다. 발가벗은 남자의 옆에 바짝 붙어 쭈그려 앉은 여인은 가체머리에 연녹색 반회장저고리만 걸친 차림이다. 잔뜩 성이 나서 불끈한 양물을 유심히 바라보는 음습한 표정도 심각하다. 반허리를 세운 남자의 손은 동시에 여인의 음경을 자극하면서 그 성정을 돋운다. 진땀 흘리는 교접보다 여름 성희로는 제격 같다. 여인의 손밖으로 삐죽이 나온 귀두의

크기와 생김새를 보니, 장안의 여인들을 꽤나 울렸을 오입쟁이의 물건으로 내세울 만하겠다. 배경표현은 남녀의 희롱에 공감하도록 일체감을 이룬다. 언덕의 넓은 터치와 잔 붓질의 농담조화, 개울의 빠른 물결표현, 그리고 짙푸른 나무들의 녹음 등 배경을 단원풍으로 살려냈기에 가능했을 법하다.

④ 여름 성희도로는 은밀한 언덕에서 벌이는, 여성이 남성의 위에 걸터앉은 체위 또한 제격이다. 맨바닥에서 이루어지는 일이니, 여성을 배려한 체위이기도 하다. 여름 한낮 대범하기도 하다. 여성은 다 벗었고, 등이 베길까봐 남자는 저고리만 걸쳤다. 양다리를 꼬고 누워 상체를 일으킨 남정네의 표정이 여인의 적극적인 뒷모습에 비해 무덤덤하다. 우리 춘화에는 여성이 그처럼 무심한 표정을 짓는데 비하여, 남자가 그러하니 색다른 느낌을 준다. 그리고 쪽머리보다 큰 여인의 머리장식이 별나다. 가체가 아니라 양반가 부녀자의 큰 비녀를 꽂은 낭자머리이다. 조선후기 풍속화나 춘화에 보이는 대부분의 여성들은 가체를 올렸던 점에 비추어 볼 때, 흔치 않은 헤어스타일이다. 궁중풍습인 가체를 민간에서 하지 못하도록 하는 어명까지 있었는데도 불구하고 지켜지지 않았던 사회분위기와 다르다.[10] 풍속화나 춘화에 등장하는 여인 중 어쩌면 어명을 따른 유일한 예이다.

⑤ 화첩에는 언덕 너머 어린 사내와 젊은 여인의 호색행각이 포착되어 있다. 삼단의 축대 위에 돗자리를 깔고 벌이는 남녀의 행위가 생경하다. 축대와 배경산수도 저택의 후원인 듯, 그냥 예사로운 곳이 아니다. 망건까지 벗어버린 나신의 젊은 남자가 누나 격인 여인을 사타구니 사이에 두고 앉은 자세이다. 왼쪽 무릎

10) 이태호,「조선후기 풍속화에 그려진 女俗과 여성의 미의식」,『한국고전여성문학연구』13, 한국고전여성문학연구회, 2006.

을 세운 여인의 왼손이 뒤로 남자의 그곳을 자극하는 듯, 사내는 두 발의 발가락에 잔뜩 힘을 준다. 여인의 음경 앞에는 작은 놋 쇠요강이 놓여 있어, 중국의 방중술에 나오는 것처럼 음수(陰水)를 받으려는 것이 아닌가 싶다. 아래로 둥글게 부른 배가 임신한 여인으로 보이기도 한다. 두 인물을 정면으로 열어 놓았음에도 불구하고, 이들 성희를 가리려 앞 언덕에는 죽림과 단원풍의 늙은 잡목이 어우러져 있다.

이처럼《운우도첩雲雨圖帖》에 보이는 산계곡과 들에서 벌이는 성희는 우리나라 춘화의 특징으로 꼽을 만하다. 이웃 중국이나 일본의 춘화에도 야외장면이 있으나 대체로 꾸며진 정원에서 이루어진 것이다. 땅기운을 흠씬 받으며 진행되는 성교이니, 그야말로 풍광과 인간이 하나 되는 최고의 자연치유법 힐링일 법하다. 이는 한국인의 성의식이자 자연관을 그대로 나타낸다.

⑥《운우도첩雲雨圖帖》에는 대청마루에서 진행되는 혼교(混交)도 포함되어 있다. 뜰의 괴석과 남방식물인 소철나무가 한여름을 가려준다. 집안의 대청에서 두 여인이 입을 맞추며 서로 애무하는 가운데, 사방관을 쓴 남성이 위쪽 여인과 뒤에서 하는 후위(後爲)의 성희를 즐기는 장면을 포착한 것이다. 사방관을 쓴 청년은 결혼한 지 얼마 안 되는 양반 댁 자제 같다. 사방관은 양반층의 권위인즉, 성희를 즐기면서 이를 벗지 않는 경우가 춘화에 적지 않다. 한편 신분을 뚜렷이 그려 넣은 화가의 의도는 그들에 대한 조롱쯤으로 보인다. 두 여인 중 아래쪽 발가벗은 여인은 가체를 푼 경험자이다. 위의 녹색 삼회장저고리를 입은 처녀는 댕기머리이다. 모두 양반가의 여인들로, 사족(士族)의 성문란상이 적나라하다.

이처럼 한 남자가 두 여인과 즐기는 체위는 중국 방중술에 의하면 성애의 쾌락을 극대화시키는 방법의 하나라고 한다. 세 인물을 가린 수묵산수의 가리개 장식이나 대청마루가 아닌 민 바닥, 그리고 지붕채양으로 그려놓은 넝쿨식물 표현은 중국 춘화에서 빌어온 도상이다. 세 남녀의 심중이 처마의 넝쿨처럼 엉켜 있지나 않을까 싶다.

(2) 계절별로 다룬 다채로운 성희그림

우리나라의 기후조건 때문에 늦가을부터 초봄까지는 야외에서 벌이는 성희가 쉽지 않으니, 자연스레 그 배경이 실내로 옮겨진다. 그런데 방안에서 벌어진 성행위에도 계절의 맛을 살리기 위해 화분을 배치하기도 한다. 늦가을의 정취는 만발한 노란 국화분으로 살렸고, 초봄에는 매화분재를 등장시켰다. 실내 풍경임을 알려주는 문과 벽장, 서안, 책장, 탁자 같은 문방구류, 화로나 타구 등 소품의 배치는 계절감각은 물론 단촐하면서도 조선적인 멋스러움을 연출한다.

① 《운우도첩雲雨圖帖》에는 승려와 양가집 여인, 노인 부부와 같은 색다른 계층의 성희를 포함하고 있어 주목된다. 노인 부부의 성희는 초가집 격자창의 대청마루에서 이루어진다. 맨몸의 할아버지가 늘어진 성기를 손에 쥐고 할머니에게 요구하자, 이에 응하는 할머니의 표정이 가상스럽다. 쭈그려 치마를 걷어 올리고, 단속곳마저 연 채 아랫도리만 겨우 드러내며 다가선다. '그래 되나 한 번 해보슈'하는 할머니의 배려가 안쓰럽기만 하다. 노인의 성문제를 시사하는 것인즉, 그야말로 춘화가 아니라 추화(秋畵)내지 동화(冬畵)라 이를 만하다. 이 소재는 우리 춘화의 인간주의적인 배려를 읽게 한다. 초가의 기둥 왼편에는 쇠창 달린 가래가 놓여 있고, 장독대는 죽림(竹林)에 둘러져 있다. 아직도 부엌일과 논일을 하는 노인 부부의 건강함이 읽혀진다.

② 승려와 여인의 성교그림은 조선시대 여성들이 절에 다니며 문란해졌다는 상사(上寺)의 성풍속도를 적절히 보여준다. 유교사회에서 승려에 대한 조롱일 수도 있겠다. 그림에 등장한 젊은 여인은 가체를 풀어 내린 채 나이든 승려의 허리를 양다리로 잔뜩 휘어감은 포즈이다. 살포시 눈 감고 홍조 오른 표정은 도회남자들과의 관계에서 무심했던 여인들과 사뭇 다르다. 성심을 다하는 자세이다. 여인의 가리마 사이에 개구리형 누런 동색(銅色) 첩지가 치장되어 있다. 양반 댁 아녀자임에 틀림없다. 아이를 낳기 위해 백일기도하러 온 여인에게 아들을 점지시켜주는 장면이지 않을까. 어린 동자승은 창문의 가리개를 빠끔히 열고 방안 사태를 몰래 훔쳐본다. 우리 춘화만이 지닌 해학미이자 낭만성이다. 대발이 쳐진 방안은 텅 비어 있다. 흰 요와 큰 베개 외에는 승려의 물건뿐이다. 승려의 회색 도포와 지팡이, 패랭이형의 모자 승립僧쑚이 뎅그렁하다.

③ 창가(娼家)의 풍속도도 춘화첩에서 빠지지 않는다. 긴긴 겨울밤은 사각등을 놓아 분위기를 맞추었다. 발가벗은 남자가 큰 요에 덜렁 누운 여인을 향해 돌진한다. 양팔을 벌리고 레슬러가 공격하려는 포즈와 닮아 있다. 전혀 다듬어지지 않은 몸매의 남자 뒷모습에는 해학마저 짙게 흐른다. 방바닥에 내팽개치듯 갓과 도포를 훌훌 벗어 놓은 모습에 양반남정네의 조급한 심정이 잘 드러나 있다. 문도 닫지 않은 채이다. 남자의 이런 감정은 아랑곳하지 않고, 도리어 무관심하다는 여인의 표정이 대조를 이룬다. 속속곳만 겨우 입고 음문을 드러낸 채 곰방대를 물고 남자를 외면한 태도가 가관이다. 직업적인 여인일 터인데, 방안에는 놋쇠그릇과 성희를 위한 기본 도구만 있고 치장거리가 없다. 그러면서도 방문에는 얼핏 김홍도일파의 상당한 수준급 화조산수가 붙어 있다. 그림의 두 마리 새가 나란히 날며 사랑을 나누

는 모습이 방의 쓰임새와도 잘 어울려 있다.[11]

④ 이른 봄의 춘정(春情)을 담은 그림이다. 그런 만큼 성행위 자세에 격정이 넘친다. 아직은 추운 이른 봄임에도 두 남녀가 벌거벗은 것부터 적나라하다. 남녀의 체위가 거의 현대 포르노그래피 수준이다. 이를 훔쳐보며 사생하던 화가에게 그들의 출렁이는 리듬이 전달된 듯, 자연스레 부감한 시선으로 사선구도에 성희장면을 담았다. 침실 밖에 고목의 홍매분재와 네모진 수선화 화분이 놓여 있다. 흰 수선화꽃이 피고 핑크빛 홍매 꽃망울들이 잔뜩 달려 있다. 홍매와 수선화는 모두 군자를 상징하는 꽃이다. 방안의 교자상 위에는 책과 벼루, 필통이 놓여 있어 선비의 공간임을 알겠다. 나이 지긋한 양반은 선비의 아취(雅趣)인 홍매나 수선화, 그리고 학문은 뒤로 한 채 흰 피부의 젊은 여인에게 흠씬 빠져 있다. 방안의 흰색 장막은 한옥문화에 어색한데, 체위도상과 더불어 중국 춘화에서 빌어온 인상이다.

사계절과 다채로운 인간상의 성희를 담은《운우도첩雲雨圖帖》은 조선후기 춘화 가운데 최고의 회화수준과 가장 모범적인 정형을 갖추고 있다. 이 화첩은 조선후기 춘화의 발생이 18세기였을 가능성도 없지 않았겠지만, 19세기초반에 들어서서 본격화되었음을 알려준다. 앞서 언급했듯이 단원산수화풍의 배경과 혜원화풍의 인물인 점, 그리고 이 화첩 이후에 그려진《건곤일회첩乾坤一會帖》이 1844년작 임을 감안할 때,《운우도첩雲雨圖帖》은 1810~1830년대 순조시절에 그려졌을 것으로 추정해본다.

---

11) 이장의 춘화설명은 필자의 예전 글을 크게 수정 보완한 것이다. (이태호, 『풍속화 하나 · 둘, 대원사, 1995, 1996. ; 「조선후기 춘화의 발달과 퇴조」, 『전남사학』 제 11집, 전남사학회, 1997. ; 『미술로 본 한국의 에로티시즘』, 여성신문사, 1998.) 특히 정밀한 복식고증을 위해 한국복식연구의 원로이신 고부자 선생님의 도움을 받았다.

4. 1844년경의《건곤일회첩乾坤一會帖》

《건곤일회첩乾坤一會帖》은 비교적 안정된 솜씨의 여인 풍속
도가 2점 포함된 춘화첩이다. '건곤일회(乾坤一會)'라는 화첩의
제목대로(참고도판 3.) '하늘과 땅, 즉 남녀가 만나는 일'이 담겨
있다. 현재 12점이 반씩 분첩된 상태이다. 화첩의 그림 종이는
누런 색 지질로 보아 얇은 중국제 죽지계열이다. 6점에는 '혜원
(蕙園)'이라 쓰고 양각도장 '시중(時中)'과 음각도장 '혜원(蕙園)'
이 찍혀 있으며, 나머지 6점에는 음각도장 '혜원(蕙園)'만 찍혀
있다. 이는 신윤복의 화풍과 근사한 점을 염두에 둔 후낙관(後落
款)이다. 특히 '혜원(蕙園)'의 필체가 신윤복의 그것과 다른 편이
다. 떨림이 있는 짙은 수묵선묘법과 가벼운 채색, 턱이 둥근 여
인상의 표정 등이 혜원화풍과 차이난다. 화첩의 첫 장 중국제 금
은박 장식의 고급종이에 이상적인 적은 발문(跋文)에서도 신윤
복의 작품이 아닌 근거를 찾을 수 있다.

:

빼어난 여색은 좋은 반찬이라는 말은 천 년을 두고 내려오는 아름다
운 이야기다. 그대의 책상 아래 이 화첩을 드리니, 날마다 부드럽고 따
뜻한 고향에 들어가는 맛을 보리라. 어찌 원제元帝[12]의 풍정(風情)을
부러워하겠는가. 갑진년 봄 아침.(秀色可殞千載佳話 贈君几下 日入溫
柔鄕 何羨元帝風情也.甲辰春朝)[13]

:

역관 이상적(李尙迪: 1804~1865)이 1844년 갑진년(甲辰年)

---

12) 이 元帝를 원나라 황제로 착각했었다.(이태호,『미술로 본 한국의 에로티시즘』,
여성신문사, 1998.) 다시 확인해보니 원제는 前漢 때 궁녀를 그림으로 그려오게
해서 낙점했다는 왕이다. 그때 가장 미인이었다는 王昭君을 미처 알아보지 못
하고 흉노에게 보낸 고사를 남기기도 했다.
13)『조선회화명품집』, 부산 진화랑, 1995.

03 | 작자미상, 건곤일회첩에서, 종이에 수묵담채, 23.3×27.5cm, 개인소장

봄 아침에 춘화첩을 누군가에서 선물하며 미끈한 행서체로 쓴
것이다. 이를 확인케 해주는 도장 두 방이 발문이 보인다. 글의
시작부분에 찍힌 양각의 둥근 도장은 '今人不見古時月 今月曾經
照古人(지금 사람은 옛날의 달을 보지 못했고 지금 달은 일찍이
고인들을 비추었네)'라는 당나라 이태백(李太白)의 〈파주문월
把酒問月〉이란 시 구절이다. 왼편 아래 찍힌 양각의 네모도장은
'同是天涯淪落人 相逢何必曾相識(똑같이 하늘 가에 영락한 사람
이니 만남이란 어찌 반드시 아는 사람이어야 하리)'라는 당나라
백거이(白居易)의 〈비파인琵琶引〉이란 시 구절이다. 이상적의
도장은 화첩의 맨 뒤 빈 화면에도 두 방이 찍혀 있다. 양각의 둥

근 도장은 '思君令人老(그대 향한 그리움이 사람을 늙게 하네)'라는 고악부古樂府의 한 구절이다. 음각의 네모도장은 '人影在地 仰見明月(사람 그림자가 땅에 있어서 밝은 달을 우러러보네)'라는 송나라 소동파(蘇東坡)의 〈후적벽부後赤壁賦〉 한 구절이다. 이 네 방은 오세창吳世昌이 모은 130개의 이상적 인장(印章) 속에서 확인된다.[14]

이상적은 중국을 열두 차례나 다녀온 역관으로 추사(秋史) 김정희(金正喜의) 제자이다. 이상적은 연경(燕京)의 소식을 추사에게 전하거나 금석문 자료와 신간 서적을 구해다 올렸고, 그 보답으로 추사는 제주유배시절 〈세한도歲寒圖〉(1844년)를 이상적에게 그려주었다.[15] 앞서 오세창은 이상적의 제자인 역관 오경석(吳慶錫)의 아들이었으니, 이상적의 많은 인장을 모두 모을 수 있었던 것 같다. 덕분에 《건곤일회첩乾坤一會帖》의 발문이 이상적이 썼음을 확인하게 되었다.

원래 나무판 표지에 꾸며진 화첩 첫 면의 이 글은 그림과 동시에 썼을 것이다. 글과 그림이 완성된 1844년 봄, 그때는 1805~1813년에 주로 활동했던 신윤복이 세상을 떠났으리라 추정된다. 이 화첩을 그린 화가로는 신윤복의 후배 화원인 시산(詩山) 유운홍(劉運弘: 1797~1859) 정도가 떠오른다. 실제 기둥이나 마루, 창문의 실내공간 작도법이나 인물묘사법이 국립중앙박물관 소장 유운홍의 〈기방도妓房圖〉와 가장 흡사하다.

《건곤일회첩乾坤一會帖》의 춘화에는 옷을 완전히 벗고 진행하는 정상적인 체위가 2점뿐이고, 나머지는 유혹, 성기애무, 아

---

14) 吳世昌, 『槿域印藪』, 국회도서관, 1968. ; 이상 네 방의 도인 찾기와 번역은 한문학자 김채식 선생의 도움을 받았다.
15) 유홍준, 『완당평전』1, 학고재, 2002.

니면 옷을 입은 채 진행되는 전희(前戱) 상황들을 포착한 것이
대부분이다. 또 이들 10점 모두 실내에서 이루어진 호색행각이
고, 노소의 양반층이 주종을 이룬다. 인물화법은 신윤복의 낙관
을 사용할 만큼 혜원 풍속도와 근사하다. 19세기 춘화에 미친 그
의 영향력을 실감케 하는 춘화첩이다.

(1) 삼회장저고리 여인의 남성행각

① 두 여인이 춘화를 감상하는 그림은 춘화첩의 용도를 알려
준다. 그림 속의 펼쳐진 춘화첩에는 발가벗고 뒤엉킨 두 남녀가
선명하다. 잠옷인 속적삼에 흰 저고리를 입은 여인이 왼쪽 무릎
을 세우고 앉아 춘화첩을 넘기고, 그 옆에 남치마에 흰 삼회장저
고리를 입은 여인은 엎드려 춘화장면에 눈을 고정시킨 연출이다.
크고 무거운 가체를 볼 때, 상당히 지체 높은 양반가의 여인들 같
다. 촛불 아래 춘화 삼매경에 빠진 여인들 뒤로, 겨울 한밤중 청
동화로와 밤참을 차린 원반이 놓여 있다. 이들의 구성은 사선의
벽면을 따라 배치되고 오른편 마루로 공간이 열려 있다. 춘화첩
앞의 예쁜 쇠촛대에 촛불이 마루 쪽으로 꺾여 있다. 촛불은 왼쪽
방문이 열리며 웬 사내라도 등장할 듯한 분위기를 암시한다.

②《건곤일회첩乾坤一會帖》의 4점 춘의도(春意圖)는 옷을 입
은 채 벌어지는 남녀의 사랑이 담겨 있다. 인물들 중 남치마에
흰 삼회장저고리를 받쳐 입은 여인이 그림들의 주인공이다. 앞
그림에서 엎드려 춘화에 눈이 꽂힌 바로 그 여인이다. 오른 쪽
사선 벽면에 단원풍의 큰 수묵산수화가 걸려 있고, 왼편의 횃대
에는 창옷으로 보이는 흰 도포에 남자의 은장도가 보이고, 노란
색 반회장저고리와 흰 치마가 걸려 있다. 남편의 사랑채에서 벌
어진 부부사이의 일로 여겨진다. 삼회장저고리의 여인은 긴 장

죽의 곰방대를 물고 화로에서 불을 붙인다. 상투차림의 양반은 여자를 이끌며 드러누우려는 자세이다. 치마를 걷어내고 바짓가랑이를 드러내며 왼손으로 애무를 시도하나, 여자의 표정이 여간 냉랭하다. 방안에는 쇠화로, 요강, 타구, 담배쌈지, 붉은 가죽으로 만든 베개 등이 배치되어 있다.

③ 방안에서 남자가 여인을 끌어안고 벌이는 성교장면은 앞 그림의 두 남녀가 다른 공간으로 옮긴 것 같다. 회색 장방이 걷어 올려지고 상위의 유리어항과 청동화로가 안방임을 시사한다. 남치마를 쓸어 올린 채 트임이 있는 바지 사이로 여인의 엉덩이가 드러나 있다. 남자는 상의를 입은 채 바지를 끌어내린 모습이다. 망건을 쓴 남자는 누비저고리와 배자 차림으로 여인의 등에 얼굴을 묻고 발을 뻗어 마지막 용을 쓰는 자세이다. 남자의 허벅지에 주저앉은 여인은 남자의 그 느낌이 전달된 모양이다. 무심한 듯하면서도 순간 어! 하며 입에서 곰방대를 땐 표정이 그러하다. 이 도상은《운우도첩雲雨圖帖》의 진달래가 핀 계곡에서 벌어진 장면을 빌어다 썼다. 젊은 남성에서 장년의 테크니션으로 바뀌었을 뿐이다.

④《건곤일회첩乾坤一會帖》에는 남치마에 삼회장저고리 차림의 여인이 앞의 세 그림과 달리 젊은 남성을 만나는 장면도 포함되어 있다. 가을정원에 노란색 국화화분이 계절을 알려준다. 만발한 국화향기에 취한 여인이 새 젊음을 찾은 듯하다. 마루 딸린 사랑방에 용자형(用字形) 문이 열리고 문지방을 넘으며 걸터앉은 여인의 뒷모습이 그런 정황을 말해준다. 금색 풍잠이 달린 망건만 쓴 분홍색저고리의 미남은 여인의 왼손을 잡아당기며 얼굴에 홍조가 번진다. 여인은 청년의 손에 이끌려 그의 얼굴을 어루만지며 오른손으로 요염하게 가체를 푸는 게 상당히 급한 모양이다. 벌써 치마는 벌려 있고, 트인 단속곳은 곧 뒤가 열릴 것

처럼 꿈틀댄다.

(2) 실내 공간에서 벌어진 성희들

① 《건곤일회첩乾坤一會帖》에는 앉아서 하는 남녀의 색다른 체위도 보인다. 방안에는 소철나무 화분과 술안주 소반이 놓여 있고, 아자창(亞字窓)의 미닫이문으로 보아 상당한 양반가의 풍경이다. 온몸에 홍조 띤 젊은 남자는 홀딱 벗고, 여인은 치마를 벗은 채 가랑이를 연 바지 차림이다. 오른쪽 발을 방에 대고 왼쪽 엉덩이를 든 채 남성을 받아드리는 자세가 희한하다. 삽입하기 직전 성기 쪽에 시선을 둔 젊은 남자나 여성의 표정은 서로 데데하다. 반회장저고리를 입은 여인의 가체는 반쯤 풀어진 상태이며, 가체를 묶은 갈색 끈이 눈에 띤다. 젊은 남정네와의 성희가 두통을 가져왔는지, 가체가 무거워서 띠를 둘렀는지 모르겠다.

② 성희장면의 춘화는 누군가 훔쳐본다는 전제 아래 그려진다. 적어도 그림을 그리는 화가는 보게 되어 있다. 춘화에 등장하는 노골적인 훔쳐보기는 그 화가를 대신하는 인물로 곧잘 표현된다. 마루로 열린 방에서 남녀의 성희가 진행되고, 이를 구경하는 젊은 여인을 배치한 춘화가 그 사례이다. 용자형用字形 여닫이창이 있는 빈방에서 남녀가 어정쩡하게 엉켜 있다. 창에 달린 작은 손잡이가 깔끔하고 예쁘다. 상의를 벗고 바지는 내린 채 앉은 남자가 여자를 끌어 앉으며 젖가슴과 음부를 자극한다. 여자를 만지며 남자가 더 달아올라 있다. 서로 맞댄 남녀의 얼굴색이 대조를 이룬다. 흰 피부의 여인은 노란 색 반회장저고리만 입고, 아래쪽을 모두 드러낸 상태이다. 홍조 띤 남자의 성기희롱에 자극이 전해오는지, 남자의 어깨너머로 허리를 끌어안은 여인의 동작에

힘이 실려 있다. 보이지 않는 오른손은 뒤로 남자의 성기를 만지는 듯하다. 이를 마루에서 구경하는 젊은 여인은 방문기둥에 머리를 박고 훔쳐보기에 취한 자태이다. 가체를 끌어내려 뒤로하며 바지를 드러낸 상태로 보아 자위행위라도 하는 모양이다.

③ 춘화첩에는 다양한 체위 가운데 옆으로 누워서 이루어지는 성희장면도 빠지지 않는다. 왼쪽 대청으로 활짝 열린 방밖은 진달래가 핀 초봄의 정경이다. 벽장문에는 남종화풍의 수묵산수화가 붙어 있다. 여인은 풀어헤친 가체를 베개 삼고 분홍색 누비 반회장저고리만 걸쳤다. 으슬한 봄날이니 하체에 흰 누비치마를 덮고 버선을 신었다. 남자는 바지저고리를 입고 탕건도 벗지 않았다. 남녀의 얼굴이 비슷한 또래로 보인다. 여자를 뒤에서 반쯤 껴안고 손을 사타구니 안으로 밀어 넣은, 남자의 자세가 음흉하다. 유방이 부풀고 배가 불룩한 몸매로 보아, 여인은 임신 중으로 생각된다. 혹여 임신 중인 부인의 성감대를 자극하는 행위일 수도 있겠다. 임산부의 건강이나 태교에 도움이 될까. 종아리의 행전마저 벗지 않은 남자는 먼 길에서 막 돌아온 듯하고, 얼굴이 잔뜩 붉어져 있다. 화로 옆에 놓인 술병과 안주로 볼 때, 부인이 준비한 술 한 잔을 먼저 걸친 듯하다.

④ 남녀의 성행위는 역시 남자는 위, 여자는 아래의 귀등(龜騰)자세가 제일이다. 《운우도첩雲雨圖帖》의 달밤 연못가에서 벌어진 전라(全裸)의 도상이 《건곤일회첩乾坤一會帖》에는 방안으로 옮겨져 있다. 나이든 노련한 남자는 덩치가 크다. 그 아래 가체를 풀어헤친 젊은 여인은 작은 체구이면서도 남자를 감당해내는 힘이 장사 같다. 한 손과 양 다리로 무거운 남자의 허리를 잔뜩 감아 안은 열정적 자세는 역시 남녀의 천연스런 조합을 잘 보여준다. 방안은 텅 비어 있고, 대청마루로 문이 개방된 상태이다. 이 역시 누가 훔쳐보든 무관하다는 의도이다. 장식 없는 얇

은 흰 요 위에 붉은 색과 푸른 색 마구리 장식의 큰 베개만이 썰렁한 화면을 정겹게 한다.

⑤ 연로한 문인(文人) 사대부와 젊은 여성의 성희는 조선의 애정소설이나 춘화에 빠지지 않고 등장하는 단골 메뉴이다. 이는 노인의 회춘을 상징하는 소재이기도 하다. 용자형(用字形) 창을 가진 방 안에 책과 장, 놋쇠요강과 타구, 쇠촛대 등 기물이 가득하다. 성행위가 쉽게 이루어지기 힘든 채움 공간이다. 오른쪽에는 흰 종이를 바른 3층 책장이 놓이고, 그 옆 교자상에는 책들이 잔뜩 쌓여 있다. 그 아래에 읽던 책이 던져져 있다. 고위관료로 은퇴한 양반가의 서재이다. 사방관을 벗지 않은 노인네는 성희를 즐길 때도 자신의 신분적 권위를 잃지 않으려는 심사이다. 손에 든 작은 흰색 종지는 아마도 성희를 위한 도구나 자극제 약품 그릇으로 여겨진다. 분홍빛 반회장저고리 차림의 젊은 여인은 오른손으로 흰 종지를 가리키고, 왼손으로 입을 가리며 누워 있다. 성기는 서로 맞닿아 있으나, 노인의 그것이 삽입되지 않은 상황이다. 그래서 이 도구를 사용할 것인지에 대한 의견교환이라도 하는가 싶다. 힘이 빠진 노인의 이런 성 도구 사용은 흔히 중국이나 일본춘화에서 찾아볼 수 있다.

⑥《운우도첩雲雨圖帖》에도 등장한 것처럼, 승려와 양반 부인네와의 성희는 우리 춘화첩의 단골 소재이다. 양반 문인과 마찬가지로 승려에 대한 조롱이 담긴 도상일 법하다. 헌데《건곤일회첩乾坤一會帖》의 승려와 여인 사이에는 아들을 점지시켜주기 위한 성행위가 이루어져 있지 않다. 여인의 가체를 내리니 가르마 사이에 첩지가 드러나 보인다. 젊은 양반가의 부인임을 알려준다. 대머리의 승려는 누워 있고, 여인은 승려 몸에 기대 앉아 성기를 희롱한다. 승려를 유혹하여 잔뜩 춘흥을 일게 하는 광경이다. 치마를 걷어 올려 드러난 단속곳은 누비이고, 승려는 저고

리를 입고 바지만 어정쩡 내려 남근을 드러낸 채이다. 승려의 돼지코 얼굴에 비해 여인의 손에 잡힌 성기 모양은 크고 실하게 생겼다. 띠살창의 빈 방은 참선하는 선방(禪房)답다. 방바닥에는 승려의 모자와 등걸이 같은 회색 겉옷만이 놓여 있다. 모자는 탕건과 유사하면서도 형태감이 선명하지 않다.

《건곤일회첩乾坤一會帖》은 1844년 봄에 쓴 역관 이상적의 발문이 딸려 있어 그 가치가 더욱 크다. 이 발문을 쓴 연대는 춘화의 제작시기를 1844년경으로 추정케 하기 때문이다. 이는 조선 후기 춘화첩 가운데 년대가 밝혀진 유일한 예로 우리 춘화 편년 설정의 기준이 된다. 예컨대 앞서 살펴본 《운우도첩雲雨圖帖》을 《건곤일회첩乾坤一會帖》보다 앞선 시기로 비정할 수 있게 해준다. 《건곤일회첩乾坤一會帖》의 춘화에는 단원화풍이 거의 보이지 않고, 《운우도첩雲雨圖帖》에 비해 혜원화풍이면서 회화기량이 약간 떨어지는 편이라 그렇다. 전체적으로 《건곤일회첩乾坤一會帖》에 표현된 도상의 애매함도 그런 양상을 잘 보여준다. 인물상의 포즈나 자세의 소묘력, 그리고 복식이나 기물고증이 약간씩 부정확한 점도 눈에 띈다. 《건곤일회첩乾坤一會帖》은 그래도 회화적 품격을 잘 유지한 편이다. 1844년경에 그린 이 화첩을 기점으로, 이후 조선의 춘화는 급격하게 퇴락의 길을 걷는다. 일본과 중국 춘화의 유입에 경쟁력을 잃었던 것 같다.

5. 자연과 더불어 몸을 사랑한 그림

《운우도첩雲雨圖帖》과 《건곤일회첩乾坤一會帖》이후 화격을 갖춘 화첩으로는 국립중앙박물관 소장의 19세기말~20세기초

《무산쾌우첩巫山快遇帖》과 정재(鼎齋) 최우석(崔禹錫)이 1930년에 그린 개인소장의 《운우도첩雲雨圖帖》 등이 알려져 있다.[16]

네 건 외에 개인소장의 《춘첩春帖》이 근래 추가되어 춘화연구의 새장을 열게 해주었다. 《건곤일회첩乾坤一會帖》과 유사 화풍의 《춘첩春帖》은 최근 삼성미술관 리움의 특별기획전 '조선시대화원대전'에 전시되어 관심을 끌었다.[17] 특히 12점으로 꾸며진 《춘첩春帖》은 《건곤일회첩乾坤一會帖》과 유사한 화풍의 가품佳品으로, 화면구성이 단초롭고 정갈한 필묵의 그림들로 꾸며져 있다. 이들 다섯 건의 춘화첩을 훑어보니 크게 1850년을 전후해서 두 유형으로 나뉜다. 《운우도첩雲雨圖帖》과 《건곤일회첩乾坤一會帖》, 그리고 《춘첩春帖》은 김홍도와 신윤복 화풍의 여운이 강한 19세기전반의 화원 작품들이다.

19세기후반 이후, 10점의 《무산쾌우첩巫山快遇帖》은 '무산에서의 상쾌한 만남'이라는 제목처럼 중국의 명청대 춘화화풍을 따른 것이다.[18] 그 영향은 다양한 성희도상이나 화려한 배경처리에 잘 드러난다. 이외에 민간화가의 솜씨로, 일본의 에도시대 춘화풍을 소화한 거친 화첩그림도 간간히 보인다. 근대적 춘화

---

16) 지금까지 이들의 도판이 잘 소개된 사례로는, 서정걸의 「조선시대 춘화의 전개와 특징」이 실린 『월간미술』 1994년 7월호와 홍선표의 「조선후기 성풍속도의 사회성과 예술성」이 실린 『월간미술』 1995년 8월호 ; *PEINTURES EROTIQUES DE COREE, Edirions Philippe Pignier*, 1995. ; 『조선시대 춘화』, 도화서, 1996 ; 『HIM』 1996년 3월호 ; 『SPARK』 1996년 3 · 4월호 ; 이태호, 「조선후기 춘화의 발달과 퇴조」, 『전남사학』 제 11집, 전남사학회, 1997 ; 이태호, 『미술로 본 한국의 에로티시즘』, 여성신문사, 1998. ; 『한국의 춘화』, 미술사랑, 2000. 등이 있다. 그리고 비매품으로 춘화집 『조선시대 춘화』(도화서, 1996)가 발행된 적이 있다.

17) 『화원』-조선시대화원대전 도록, 삼성미술관 Leeum, 2011.

18) 초나라 懷王이 高唐에서 낮잠자다 꿈에 巫山 사는 神女의 유혹에 넘어갔다는 중국 설화가 전한다. 춘화를 뜻하는 雲雨는 그 神女의 이야기에서 유래한 말이다. 양자강 사천성에 무산과 신녀협의 지명이 남아 있다. : 宋玉, 『高唐賦』

풍을 구축한 최우석의 1930년 작《운우도첩雲雨圖帖》은 맑은 수채화풍이면서 19세기후반의 전통을 잘 계승한 화첩이다.

　이처럼 조선후기의 춘화는 중국이나 일본보다 한두 세기 늦은 19세기 미술사에 포함되는 영역이다. 그리고 성희 도상들은 조선풍의 춘화형식이면서도, 방중술에 해당하는 일부 체위표현에서 중국이나 일본의 춘화와 관련이 없지 않다. 또 19세기에 뒤늦게 잠시 출현했다 크게 유행하지 못한 한국의 춘화는 동아시아 문화권에서 작품량이 절대적으로 빈곤하다.

　궁정취향이 짙어 춘궁화(春宮畵)라는 별칭의 중국춘화는 명(明)나라 후기 16세기말~17세기초부터 등장했고, 소주·항주 같은 강남지역에서 애정소설과 함께 판화 춘화첩으로 발달했다.[19] 당시 조선 사회에도 소개된 명·청(明淸)의 춘궁화는 혼교가 많고, 실내나 정원의 배경은 화사한 궁정취향을 짙게 풍긴다. 그런 탓에 성희의 자연스럽고 생생한 맛이 떨어질 때도 있다.

　일본은 에도(江戶)시대인 17세기말부터 '세상을 떠도는 그림'이라는 우끼요에(浮世繪)의 한 영역으로 춘화가 널리 유행하였다.[20] 세 나라 중 일본에서 정교한 표현의 그림과 판화로 제작된 춘화가 가장 폭넓게 대중화되었다. 에도(江戶)의 우끼오에 춘화에는 성기와 안면 표정의 과장이 심해, 괴기스러운 장면을 어렵지 않게 만나게 된다. 쉬이 사람의 감정을 자극하는 장점이 있는 반면에, 중국의 춘궁화와 마찬가지로 자칫 사랑하는 일과 거리

---

19)　劉達臨, 강영매 역,『중국의 성문화』상·하, 범우사, 2000. ; 劉達臨, 노승현 역, 『중국성문화사』그림으로 읽는 5천년 성애의 세계, 심산, 2003. ; R.H.반 홀릭, 장원철 역,『중국성풍속사』선사시대에서 명나라까지, 까치, 1993. ; Ferdinand M.Bertholet, *Gardens of Pleasure, Eroticism and Art in China*, Prestel, 2003.

20)　윤봉석,『일본의 에로스 문화』, 우석, 2000. ; 이연식,『유혹하는 그림 우키요에』, 아트북스, 2009.

가 멀어 보이는 경우도 없지 않다.

우리나라에서 춘화의 유행이나 대중화가 낮았던 이유는 유교적 예교(禮敎)의 전통이 뿌리 깊었기 때문일 게다. 여기에 경제성장이 낮았던 만큼 중국이나 일본보다 춘화를 향수할 부유 계층이 크게 신장되지 못한 탓도 있을 것이다. 또 명·청이나 에도 문화와 달리 조선후기에 다색판화가 크게 발달하지 않은데도 그 원인이 있다. 이런 춘화의 소극적 양상은 조선이 일본의 식민지로 전락하고 마는 사회변화와 맞물린 일이기도 하다.

하지만 조선후기에 예술성을 충분히 갖춘《운우도첩雲雨圖帖》과《건곤일회첩乾坤一會帖》같은 춘화첩의 존재는 우리 문화의 귀물(貴物)이라 할 수 있겠다. 이웃 중국과 일본에서 발달한 춘화에 못지않은, 일당백이라 할 만하다. 또 중국이나 일본과 달리 조선후기 춘화첩에는 발가벗은 남녀의 성희와 야외의 성교가 유난히 눈길을 끈다. 자연과 더불어 몸을 사랑한 증거이다. 인간의 원초적 모습을 솔직하게 표출한 점은 자연과 더불어 살았던 휴머니티의 진정성이라 꼽고 싶다. 우리 춘화의 멋스런 품위이다.

조선후기 춘화는 성희의 쾌락과 더불어 유교이념의 벽에 대응하려는 인간의 몸부림처럼 다가온다. 이는 서론에서 언급했듯이 근대를 앞둔 시절, 새로운 시대정신을 발현하려는 문화현상이기도 하다. 동시대에 이웃한 중국이나 일본, 그리고 멀리 유럽 사회에서도 에로티시즘 회화와 문예가 확산되었던 점을 감안할 때, 19세기의 춘화는 시대성과 국제성을 동시에 지니는 예술작품이자 살아 있는 역사 증거이다.[21] 현존하는 우리 춘화는 조선시대가 성리학이 신봉된 유교사회였다는 통념을 벗고, 사람이

---

21) Paul Frischauer, *Knaurs Sittengeschichte der Welt*(1968) : 파울 프리샤우어, 이윤기 옮김, 『세계성풍속사』하, 까치, 1991.

살았던 인간의 역사로 그 시대를 바라보게 한다. 여기에 소개한
두 화첩을 비롯해서 현존하는 걸작 춘화첩들은 어떤 그림 못지
않게 국보급 문화유산이다.

겐지모노가타리의
예술과 사랑

류승진 국립중앙박물관 학예연구사

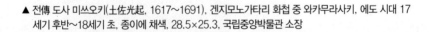
▲ 傳傳 도사 미쓰오키(土佐光起, 1617~1691), 겐지모노가타리 화첩 중 와카무라사키, 에도 시대 17세기 후반~18세기 초, 종이에 채색, 28.5×25.3, 국립중앙박물관 소장

겐지모노가타리의 예술과 사랑
- 연애법 '엿보기'

1. 소설 겐지모노가타리에 대하여

겐지모노가타리(源氏物語)는 헤이안 시대(平安時代, 794~1192) 중기의 여성 작가 무라사키 시키부(紫式部, 생몰년미상)가 지은 장편소설로, 제목 그대로 주인공 겐지(源氏)의 일생을 다룬 모노가타리(物語)=이야기이다.[1] 겐지는 천황의 아들로 태어났지만 어머니의 신분이 낮아 왕위를 물려받을 수 없었다. 그러나 그의 외모와 재능은 '빛나도록(光る=히카루)' 출중하여 히카루 겐지(光源氏)라 불렸으며, 그 명성에 걸맞게 수많은 여인들과 아름다운 사랑을 나누며 천황에 버금가는 권세와 영화를 누렸다.

소설은 총 54장으로 구성되어 있는데, 먼저 1장부터 44장까지는 헤이안쿄(平安京), 즉 지금의 교토(京都)를 무대로 한 겐지의 파란만장한 인생을 그리며, 마지막 10장은 우지(宇治)로 무대를 옮겨 겐지의 아들 유기리(夕霧)와 그 주변 인물들에 대하여

---

1) 현대 일본어에서 '모노가타리(物語)'는 영어의 '스토리(story)'와 동일하게 사용되며, 좁은 의미로 작가의 견문이나 상상을 바탕으로 하여 인물이나 사건을 서술하는 산문 형식의 문학 작품을 가리키는데, 일본에서는 이미 헤이안 시대에 〈다케토리모노가타리(竹取物語)〉, 〈이세모노가타리(伊勢物語)〉 등 다양한 종류의 모노가타리가 성립되어 있었기 때문에 이러한 특정 시대의 문학 작품을 가리키는 용어로 사용되기도 한다.

이야기하기 때문에 따로 '우지 십첩(宇治十帖)'이라 부른다. 소설 속의 천황은 4대가 이어지며, 등장인물은 430여명에 이른다. 이와 같이 길고 복잡한 구성을 가진 소설은 일시에 집필된 것이 아니고 산발적으로 성립된 장들이 재구성된 것으로, 정확한 성립연대를 알 수 없다. 그러나 시키부가 남긴 일기에 의하면, 1008년경 궁중에서 소설 속 등장인물들의 이름이 선남선녀의 대명사로 통용되었다고 하니, 11세기 초에는 이미 소설이 유통되고 있었음을 알 수 있다.[2]

작가인 시키부는 당시 최고의 권력자였던 후지와라노 미치나가(藤原道長, 966~1028)에게 필력과 문학적 소양을 높이 평가받아, 미치나가의 딸 쇼시(彰子, 988~1074)가 이치조 천황(一條天皇, 재위 986~1011)의 황후로 입궁할 때, 함께 궁궐로 들어가 쇼시 주변에서 생활하며 교양적 측면을 보조하였다. 시키부는 이때의 경험을 살려 소설 속에서 천황이 기거하는 고쇼(御所)를 중심으로 한 수도 헤이안쿄 안에서 벌어지는 귀족들의 우아한 생활상과 일 년 내내 끊이지 않는 아름다운 세시풍속을 생생하게 묘사하였다. 이와 같은 이야기 속의 시각적 요소들은 본래 '듣는' 형태의 문학 작품이었을 모노가타리를, '보는' 모노가타리로 변형시켰다.

'보는' 모노가타리는 먼저 이야기의 전달에 충실할 수 있는 두루마리 그림이나 책자 형태로 제작되다가, 점차 회화로서의 장식적 기능이 강한 병풍이나 화첩 등으로도 만들어졌다. 겐지모

2) 『紫式部日記』寬弘五年(1008)條, 11월 1일 이치조 천황과 황후 쇼시의 아들 아쓰나리 친왕(敦成親王)이 태어난 지 50일을 기념하는 자리에서, 당시 문단의 일인자였던 후지와라노 긴토(藤原公任, 966~1041)가 무라사키 시키부에 다가와, '이 근처에 와카무라사키는 없는가?'라고 질문하는 장면이 등장한다. 이는 주변에 지성과 미모를 겸비한 여성이 없음을 비꼬아 말한 것이다.

노가타리를 그림으로 나타낸 예 중 가장 오래된 것은 현재 도쿠가와미술관(德川美術館)과 고토미술관(五島美術館) 등에 나뉘어 소장되어 있는 12세기의 국보 〈겐지모노가타리에마키(源氏物語繪卷)〉이다. 겐지모노가타리의 회화화繪畫化 전통은 중세로 이어져 17세기에 이르면 일종의 전형이 마련되며, 특히 모모야마(桃山)를 거쳐 에도(江戶) 시대 전기에 양적인 면에서나 질적인 면에서 크게 발전하여 따로 겐지에(源氏繪), 즉 겐지 그림이라 불리기도 하였다. 에도 시대에는 비단 회화뿐만 아니라 의상이나 칠기 등의 공예품의 장식 모티프로도 사용되었으며, 서민 문화의 상징인 다색판화, 즉 우키요에(浮世繪)의 주제로도 자주 등장하였다.

2. 겐지모노가타리 속 연애

일본에서는 앞서 이야기한 시키부의 일기를 근거로 하여, 지난 2008년을 소설 겐지모노가타리가 탄생한 지 천 년이 되는 해로 보고, 이를 기념하는 각종 문화 행사를 개최하였다. 이와 같은 장편 소설이 천 년도 전에 여성 작가에 의해 집필되었다는 사실도 의미가 깊지만, 지난 천 년 동안 이 소설의 인기가 사그라진 적이 없었다는 사실은 더욱 놀랍다. 겐지모노가타리에 대한 다양한 해석과 주석을 담은 책들이 이미 중세 가마쿠라(鎌倉) 시대부터 쓰여졌으며, 회화나 공예품 등의 다른 예술 장르로 승화되어 사랑받기도 하였다. 이처럼 소설 겐지모노가타리와 이를 주제로 한 예술 작품들이 오랜 세월 동안 인기를 유지할 수 있었던 것은 무엇보다도 겐지모노가타리가 시대와 장소를 불문하고 인간이라면 누구나 공감할 수 있는 '연애'에 대해 이야기하고 있

기 때문일 것이다. 겐지는 평생 동안 신분고하를 막론하고, 때로
는 부도덕한 관계도 서슴지 않고 수많은 여인들과 사랑을 나누
었으며, 3명의 정부인을 두었다. 소설은 당시의 정치권력이나 종
교, 그리고 인생관에 대한 심오한 주제를 담고 있지만, 대부분의
사건들은 겐지와 그의 여인들 사이의 연애를 중심으로 진행된다.

겐지의 첫 부인은 정략결혼으로 맞아들인 좌대신左大臣의 딸
아오이노우에(葵の上)였다. 그녀는 겐지의 평생 친구인 도노추
조(頭中將)의 누이이기도 하였다. 겐지와 원만한 관계를 유지하
였으나, 아들 유기리를 출산하던 중, 겐지의 다른 연상의 애인이
었던 로쿠조노미야슨도코로(六條御息所)의 질투에서 비롯된 원
령(怨靈)에 씌워 목숨을 잃게 된다.

한편 겐지는 어린 시절부터 아버지 기리쓰보 천황(桐壺帝)
의 후궁 중 한 명인 후지쓰보(藤壺)에 대한 사모의 정을 품고 있
었다. 후지쓰보는 일찍 세상을 떠난 자신의 어머니와 매우 닮아
서 아버지의 총애를 받았다. 겐지가 열여덟 살이 되던 해 봄, 도
시에 번진 전염병을 피하여 북쪽의 산 속 절에 잠시 머무르게 되
는데, 그때 우연히 사모하는 여인 후지쓰보를 쏙 빼닮은 일곱 살
소녀 무라사키노우에(紫の上)를 발견하게 된다. 그 아이는 바로
후지쓰보의 오빠인 효부쿄노미야(兵部卿宮)의 딸로, 즉 후지쓰
보의 조카였던 셈이다. 소녀의 모친이 일찍 세상을 떠나 산중의
비구니에게 맡겨져 있었는데, 이 사실을 안 겐지는 소녀를 데려
와 양육한 뒤, 그녀를 부인으로 맞이한다. 어려서부터 재기발랄
하였던 무라사키노우에는 성장해 가면서 더욱 아름답고 총명해
졌으며, 성품과 재능이 두루 훌륭하여, 소설 속에서 이상적인 여
인상으로 그려진다.

그러나 후지쓰보를 향한 겐지의 구애는 끝내 도를 넘어, 둘은
불륜을 저지른다. 그 결과 후지쓰보는 겐지의 아들을 출산하고,

아무도 이 사실을 눈치채지 못한 채 겐지의 아들은 그대로 황태자가 되어 왕위를 계승한다. 당시 겐지의 아들, 나중의 레이제이 천황(冷泉帝)에게 왕위를 물려준 이는 겐지의 이복형제인 스자쿠 천황(朱雀帝)이었는데, 그에게는 매우 아끼는 어린 딸, 온나산노미야(女三宮)가 있었다. 그는 세상물정 모르는 어린 딸의 장래를 걱정하여 누구보다 신임하는 겐지에게 맡기기로 한다. 이미 마흔이 된 겐지는 열 네댓 살의 온나산노미야를 부인으로 맞아들이는 것을 주저하였지만, 그녀의 어머니가 후지쓰보의 동생임을 알고 그녀를 받아들였다. 그러나 어린 온나산노미야는 겐지와의 결혼 생활에 적응하지 못하였고 결국에는 겐지의 친구 도노추조의 아들인 가시와기(柏木)와 불륜을 저질러 아들을 낳는다. 이는 마치 겐지가 젊은 시절에 저질렀던 불륜에 대한 인과응보와 같은 것으로, 겐지가 그동안 누려온 부귀영화를 버리고 출가하여 불교에 귀의하는 결정적인 계기가 된다.

이밖에 정식으로 결혼하지는 않았지만 겐지의 아이를 낳은 여인으로 아카시노기미(明石の君)가 있다. 겐지가 아직 후지쓰보에게 열렬히 구애하던 시절, 몰래 후지쓰보의 거처에 찾아가려다 실패하고, 대신에 당시 스자쿠 천황의 황후가 될 예정이었던 오보로쓰쿠요(朧月夜)를 우연히 만나 사랑을 나누게 된다. 나중에 오보로쓰쿠요와의 부적절한 관계가 적발되어 스마(須磨)로 유배되는데, 이때 만난 여인이 바로 아카시노기미이다. 그녀와의 사이에서 태어난 딸은 후에 황후의 자리에까지 오르게 된다.

3. 겐지 그림에 보이는 연애의 첫 만남: '엿보기'

겐지의 세 부인 중 아오이노우에와 온나산노미야의 경우는 이른바 정략결혼이었지만, 무라사키노우에를 포함한 다른 여인들과는 연애를 통해 관계를 맺었다고 할 수 있다. 그런데 겐지의 연애는 첫 만남의 방식이 지금과 다르게 감각적이고 일방적이다. 이 중에서도 가장 유명한 장면은 역시 겐지가 일생 동안 가장 사랑한 여인이었던 무라사키노우에와의 첫 만남이다.

교토의 기타야마(北山)에서 요양을 하고 있었던 겐지는 어느 날, 산책길에 한 암자의 울타리 너머로 예쁜 소녀를 발견하였다. 그 소녀는 놓친 참새를 아쉬워하며 새가 날아가 버린 방향을 하염없이 바라보고 있었다. 그 모습이 너무 아름다워 한 눈에 반한 겐지는 담장에 기대어 숨어 그녀를 엿보았다. 이후 이 장면은 수많은 겐지 그림 중에서 제5장 와카무라사키(若紫)를 대표하는 도상으로 정착된다.(도 01)

또한 겐지의 여러 애인들 중 우쓰세미(空蟬)와의 만남도 매우 인상적이다. 우쓰세미는 본래 귀족의 딸로 태어나 궁정에서 일하기

01 | 도사 미쓰요시(土佐光吉, 1539~1613), 겐지모노가타리 화첩 중 와카무라사키, 모모야마 시대 17세기, 종이에 채색, 25.7× 22.7cm, 교토국립박물관 소장

를 원했지만, 일찍 아버지를 여의는 바람에 후견인을 잃고 나이 차이가 많이 나는 남자의 후처가 되고 만다. 젊은 겐지는 그녀의 딱한 처지와 미모에 대한 소문을 듣고 궁금해 하였다. 그러던 중 우연히 그녀의 거처 근처에서 머물게 된 어느 날 밤, 겐지는 우쓰세미의 침소로 몰래 들어가, 그녀

02 | 도사 미쓰요시(土佐光吉, 1539~1613), 겐지모노가타리 화첩 중 우쓰세미, 모모야마 시대 17세기, 종이에 채색, 25.7×22.7cm, 교토국립박물관 소장

가 자신의 수양딸과 바둑을 두고 있는 모습을 엿보았다.(도 02) 낌새를 알아챈 우쓰세미는 너무나 놀란 나머지 마치 매미(蟬=세미)가 허물(空=우쓰)을 벗듯이 위에 걸치고 있던 비단옷을 벗어 둔 채 도망을 쳤다고 하는데, 여기에서 바로 제3장 우쓰세미의 명칭이 비롯되었다.

위에서 살펴본 무라사키노우에, 그리고 우쓰세미와의 만남에서 발견할 수 있는 공통적인 첫 만남의 방식은 바로 '엿보기(垣間見=가이마미)'이다. 헤이안 시대의 여성은 가족이 아닌 남성에게 얼굴을 보이는 것이 금지되어 있었다. 그러나 헤이안 시대 귀족들의 저택에는 벽으로 가로막힌 방이 따로 없었고, 오직 장지문을 밀어 닫거나, 병풍을 세우고 발을 늘어뜨려 공간을 구획

하는 것이 고작이었기 때문에 남성들이 여성의 얼굴을 엿볼 수 있는 기회는 충분하였다. 이에 '엿보기'는 겐지모노가타리의 수많은 연애의 첫 만남의 방식으로 자연스레 등장한다.

겐지의 '엿보기'는 보다 적극적인 우연을 가장하기도 하였다. 겐지는 서른다섯 살이 되던 해, 젊은 시절 사모하였던 중류 계층의 여성인 유가오(夕顔)가 자신의 친구 도노추조(頭中將)와의 사이에서 낳은 딸, 다마카즈라(玉鬘)의 후견인이 되어준다. 그러나 다마카즈라는 어린 시절부터 수많은 남성들에게 구혼을 받을 정도로 아름다운 여인이었기 때문에, 겐지도 그녀에게 마음이 끌리고 만다. 겐지는 그런 다마카즈라의 얼굴을 보기 위하여 반딧불을 준비하였다가 한밤중에 그녀가 지나가는 길에 반딧불을 날려 보냈다. 놀란 다마카즈라는 부채로 얼굴을 가려보지만, 겐지는 이미 그녀의 아름다운 얼굴을 엿보았다. 헤이안 시대 사람들은 아직 조명기구의 혜택을 누리지 못하였다. 밤이 되면 사람들은 달빛에 의지하였으니, 어둠 속에서 남녀의 만남은 오직 촉각이나 후각에 의해 이루어졌을 것이다. 여기에서 반딧불을 이용한 겐지의 책략이 돋보이지 않을 수 없다.

물론 겐지모노가타리 속의 '엿보기'는 겐지만의 연애 방식은 아니었다. 겐지의 세 번째 부인이었던 온나산노미야는 너무 어린 나이에 결혼하여 겐지와 잘 어울리지 못하였지만 뛰어난 미모로 소문이 자자하였다. 이에 이전부터 그녀에게 관심을 가지고 있었던 가시와기는, 온나산노미야가 겐지와 결혼한 뒤에도 미련을 버리지 못하였다. 그러던 어느 봄날, 겐지의 저택인 로쿠조인(六條院)에서 벌어진 게마리(蹴鞠) 시합에 참가하게 된다. 그때 온나산노미야가 기르던 고양이가 갑자기 밖으로 뛰어나오면서 그녀의 거처를 가리고 있던 발을 뒤집어 올려, 가시와기는 드디어 그녀의 얼굴을 엿보게 된다.(도 03) 이 찰나의 엿보기로 가시와기의 사랑은 더욱 깊어져, 결국 둘은 겐지를 배신하고 불륜을 저지르게 되는 것이다.

03 | 도사 미쓰오키(土佐光起, 1617~1691), 겐지모노가타리 병풍, 에도 시대 17세기 후반, 종이에
채색, 154.6×359.7cm, 프리어 갤러리 소장

4. 국립중앙박물관 소장본 속 '엿보기'의 생략

겐지모노가타리에 등장하는 '엿보기'는 헤이안 시대의 결혼
제도와 주거 공간의 구조, 그리고 생활 방식 등이 어우러져 나타
난 당연한 연애 방식 중의 하나였지만, 모든 겐지 그림에서 찾아
볼 수 있는 것은 아니다. 현재 국립중앙박물관 아시아관 일본실
에 전시 중인 겐지모노가타리 화첩에도 이러한 '엿보기'가 생략
되어 있다.

앞서 예를 든 제5장 와카무라사키에서는 겐지가 울타리 너머
로 어린 무라사키노우에를 엿보는 전통적인 도상 대신에, 요양
을 마친 겐지가 그동안 신세를 진 사찰의 승려와 산중의 늦게 피
는 벚꽃의 아름다움에 대하여 이야기를 나누고 있는 장면이 그
려져 있다.(도 04) 또한 제3장 우쓰세미에서는 수양딸과 바둑
을 두고 있는 우쓰세미를 엿보는 겐지 대신에, 매미의 허물처럼
남겨진 우쓰세미의 옷을 허망하게 바라보고 있는 겐지가 그려
져 있다.(도 05) 이는 이미 우쓰세미가 겐지가 자신을 엿보고 있

04 | 전傳 도사 미쓰오키(土佐光起, 1617~1691), 겐지모노가타리 화첩 중 와카무라사키, 에도 시대 17세기 후반~18세기 초, 종이에 채색, 28.5×25.3cm, 국립중앙박물관 소장

음을 눈치 채고 도망치고 난 뒤의 장면을 그린 것임을 알 수 있다. 고양이 덕분에 온나산노미야의 얼굴을 엿볼 수 있었던 가시와기가 등장하는 제34장 와카나(若菜)에서는, 이 에피소드 대신에 황후가 된 겐지의 딸 아카시노뇨고(明石の女御)가 아들을 낳아 행복해 하는 장면이 그려져 있다.(도 06)

안타깝게도 국립중앙박물관 소장 겐지모노가타리 화첩은 정확한 작가와 제작 경위가 알려져 있지 않기 때문에, '엿보기'가 왜 생략되었는지에 대해 단정지어 설명하기는 어렵다.[3] 그러나

---

3) 국립중앙박물관 소장 겐지모노가타리 화첩은 17세기 교토에서 활동한 도사 미쓰오키(土佐光起, 1617~1691)의 작품으로 전해지지만 실제로는 '常信筆', '探信筆', '探雪書'의 서명이 있다. 쓰네노부(常信, 1636~1713), 단신(探信, 1652~1718), 단세쓰(探雪, 1655~1714) 모두 17세기 후반~18세기 초 에도(江戸)에서 활동한 가노파(狩野派)의 화가들이다. 그러나 두꺼운 색지를 이용하여 앨범처럼 만든 화첩의 겐지 그림이 모모야마 시대부터 에도 시대 전기에 걸쳐 특히 많이 제작되었던 사실이나, 전체적인 화풍으로 미루어 보아, 17세기 후반~18세

이 화첩의 표지가 아름다운 비단과 금속세공으로 장식되어 있는 점은 하나의 힌트가 될 수 있다. 에도 시대에는 다이묘(大名)와 무사 집안에서 딸의 혼수품(婚礼調度)에 호화롭게 장정된 겐지 그림을 포함시키는 것이 널리 유행하고 있었는데, 아

05 | 전傳 도사 미쓰오키(土佐光起, 1617~1691), 겐지모노가타리 화첩 중 우쓰세미, 에도 시대 17세기 후반~18세기 초, 종이에 채색, 28.5×25.3cm, 국립중앙박물관 소장

마도 이 화첩도 그러한 혼수품 중의 하나였을 가능성이 높다. 만일 그렇다면 결혼을 앞둔 새색시가 몸에 지닐 화첩에 외설적으로 보일 수 있는 겐지의 '엿보기'는 어울리지 않는다고 판단하였을 수도 있다. 또한 에도 시대에는 출판 기술이 발달하면서 그림이 들어간 겐지모노가타리의 판화가 대량으로 생산되었는데, 이에 서민들 사이에서 겐지모노가타리는 어린 여자 아이들의 교양서로 널리 읽히게 되었다. 이와 같은 상황으로 미루어 보아, 일부 에도 시대의 겐지모노가타리에서 '엿보기'가 의도적으로 생략

기 초의 작품으로 보아 무리가 없다.

06 | 전傳 도사 미쓰오키(土佐光起, 1617~1691), 겐지모노가타리 화첩 중 와카나, 에도 시대 17세기 후반~18세기 초, 종이에 채색, 28.5×25.3cm, 국립중앙박물관 소장

되었을 가능성은 충분하다. 이와 같은 도상의 생략과 선택은 겐지모노가타리의 인기를 대변하는 것이기도 하다.

일본인들은 겐지모노가타리를 세계에서 가장 오래된 장편 소설로 자부하고 있다. 이에 대해서는 학계의 엄정한 검증이 필요하겠지만, 적어도 '천 년의 베스트셀러'라는 명예는 마땅할 것이다. 향수享受의 역사는 시대와 환경에 따라 부침이 분명하였지만, 일본인들의 겐지모노가타리 자체에 대한 사랑은 천 년 동안 변함없었기 때문이다.

중국 그림 속의
사랑 이야기

조인수 한국예술종합학교 미술이론과 교수

▲ 고굉중, <한희재야연도> (부분), 비단에 채색, 28.7×333.5cm, 북경 고궁박물원

중국 그림 속의 사랑 이야기

중국에서는 유교사상에 기초한 도덕주의로 인하여 인간의 다양한 감정을 솔직하고 자유롭게 표현하는 것을 꺼려했던 탓으로 남녀의 사랑을 소재로 삼은 미술품이 많지는 않다. 중국 그림의 경우에도 아름다운 여인을 주인공으로 하는 미인도(美人圖)나 노골적인 애정행위를 묘사한 춘화(春畵)를 제외하면 남녀의 사랑을 드러내는 그림이 매우 적다. 더군다나 남아 전하는 미인도, 춘화는 금기와 검열의 대상이었기 때문에 우리 주변에서 쉽게 접할 수 없다. 그럼에도 불구하고 그림 속의 숨은 의미를 찾아보거나 판화, 민간회화 등으로 눈을 돌려보면 오랫동안 꾸준히 남녀의 사랑을 묘사한 그림이 제작되어 온 것을 알 수 있다.[1]

고대부터 모범적인 행실로 유명한 여인을 많이 그렸는데, 동진(東晉)의 고개지(顧愷之 약 346~407)는 〈여사잠도(女史箴圖)〉에서 훌륭한 여인들을 아름답게 묘사하여 이를 본받도록 했다. 그는 춘잠토사(春蠶吐絲)라는 독특한 선묘를 구사하여 이후 우아한 인물화의 방향을 제시한 것으로 평가된다.[2] 〈여사잠도〉는 서진의 문학가 장화(張華)가 지은 「여사잠」을 두루마리 그림으로 도해한 것이다. 장화는 궁궐의 여인들로 하여금 올바르게

---

[1] 예를 들어 다음 연구를 참조. Jan Stuart, "Revealing the Romance in Chinese Art," *Love in Asian Art and Culture* (Arthur M. Sackler Gallery, 1998), pp.11~29.

[2] 조인수,「중국 그림 속의 아름다운 인물」,『佳人』(이화여자대학교박물관, 2011), pp.141~150.

01 | 고개지, <여사잠도> (부분), 비단에 채색, 24.8×348.2cm, 대영박물관

처신하고 과거 훌륭한 여인들의 행실을 본받을 것을 강조했다.
그러나 고개지는 교훈적인 주제를 직접 강조하기 보다는 회화의
시각적 효과에 더욱 치중했다.

　고개지 그림에 등장하는 인물들을 살펴보면 섬세한 필선으
로 묘사했기에 부드러운 모필을 사용했다고 믿기 어려울 정도이
다. 그의 붓 끝에 의해 옥 같은 얼굴에 가냘프고 고운 손을 지닌
여성의 아름다움이 빼어나게 묘사되었고, 단정한 몸가짐과 바람
에 풍성하게 나부끼는 옷자락이 우아한 자태를 돋보이게 한다.
예를 들어 한나라의 황제였던 원제(元帝)가 비빈(妃嬪)들과 궁
궐의 정원에서 노닐 적에 우리에서 곰이 한 마리 뛰쳐나와 이에
놀라 피하는 순간에 풍원(馮媛)이 홀로 당당히 곰과 맞서 황제를
위험에서 구한 장면이 있다(도 01). 고개지는 풍원의 용기와 황
제의 당혹감, 그리고 다른 비빈들의 나약함을 잘 묘사하고 있다.
이렇게 황제에 대한 사랑은 충성으로 이어져야 하는 것이다. 이
사건에 해당하는 이야기를 모르더라도 무슨 일이 벌어지고 있는

지를 짐작할 수 있을 정도이다.

〈여사잠도〉가 과연 유교적 도덕을 선양하기 위해서 그려졌고 그 목적을 충실히 달성했는지에 대해서는 의문의 여지가 있다. 그림을 그린 화가와 그림의 감상자가 모두 상류층 남성이며, 그림의 형식도 사적인 완상에 적합한 작은 두루마리이다. 이 점을 고려한다면 아름다운 궁중 여인의 늘씬한 자태를 보면서 눈요기를 하는 남성들의 관음증적인 쾌락을 무시할 수는 없을 것이다.[3]

역시 고개지가 그린 것으로 전해지는 〈낙신부도(洛神賦圖)〉는 삼국시대 조조(曹操)의 셋째 아들인 조식(曹植, 192~232)이 지은 「낙신부」를 내용으로 한다. 전설에 따르면 복희(伏羲)의 딸이었던 복비(宓妃)는 낙수(洛水)에 빠져 죽어 낙신이 되었다고 한다. 조식은 낙양에서 봉지(封地)로 돌아오는 길에 낙수에서 복비를 만나 사랑에 빠졌다가 결국 이별했던 것을 「낙신부」로 기록했다. 조식은 복비의 아름다운 자태에 첫눈에 반해 옥패(玉佩)를 풀어 자신의 사랑을 고백했다. 복비가 옥패를 받아들어 화답하고 깊은 강 속에서 사랑이 완성될 것을 이야기하자 순간적으로 조식을 두려움에 망설였다. 이에 복비는 실망하고 떠나면서 둘 사이의 사랑은 영원하지만 헤어져야만 함을 강조했다. 조식은 뒤늦게 후회했지만 이미 돌이킬 수 없어 아쉬움에 작별할 수밖에 없었다. 이윽고 복비는 수레를 타고 멀리 떠나고 조식은 말고삐를 잡은 채 뒤 돌아 보기를 반복했다고 한다.

그런데 이 내용은 조식이 흠모했던 여인이었던 견황후(甄皇后 221년 사망)를 염두에 둔 것이라고 해석하기도 한다. 즉 조식

---

3) Julia Murray, "The *Admonitions* Scroll and Didactic Images of Women in Early China," *Orientations* (June, 2001), pp.35~40.

02 | 고개지, <낙신부도> (부분), 비단에 채색, 27.1×572.8cm, 북경 고궁박물원

의 형인 조비(曹丕)가 문제(文帝, 재위 220~226)로 즉위하여 자신이 사랑했던 여인을 황후로 삼았다. 그러나 견황후는 억울하게 죽음을 당하게 되고, 이를 상심한 조식은 자신의 형수인 견황후와의 못 이룬 사랑을 낙신에 비유하여 글을 지었다는 것이다. 현재 <낙신부도는> 여러 개의 모본이 남아 있는데, 이야기의 전개에 따라 같은 인물이 반복해서 등장하는 연속적인 묘사 형식을 취한다. 조식이 물결 위의 낙신을 바라보는 첫 장면에 이어 몇 가지 일화들이 나타나고, 마지막으로 조식이 마차를 타고 떠나면서 뒤돌아보는 장면으로 끝을 맺는다. 맨 처음 나오는 말들은 주인공이 멀리서 도착했음을 알려주는 것이고, 조식을 다른

인물보다 크게 묘사하여 강조한다. 그가 여신을 처음 보았을 때
의 용모와 자태를 다음과 같이 묘사했다.

∶

> 그녀는 날아오르는 기러기의 민첩함과
> 헤엄치며 승천하는 용의 굽이치는 우아함이 있다.
> 빛나는 광채는 가을에 피는 국화보다 더 흰하고
> 화려함은 봄의 소나무보다 더 풍성하다.
> 마치 달을 가리면서 흘러가는 가벼운 구름과도 같고
> 세차게 부는 바람처럼 눈발을 날린다.
> 멀리서 보면 새벽 안개 속에 떠오르는 태양처럼 빛나고
> 가까이서 보면 푸른 물결에서 피어나는 연꽃처럼 빛난다.

∶

고개지는 이런 분위기를 최대한으로 살리려고 노력하여, 필
선, 색채, 구도의 선택에 주의를 기울였다. 또한 자연을 배경으
로 하면서도 환상적인 장면을 동시에 표현했다. 여신은 파도 위
를 자유자재로 날아다닌다 (도 02). 아쉬움으로 뒤돌아보는 주인
공의 모습에서 애틋한 사랑의 감정을 느낄 수 있다.[4]

상류층의 여인을 그리는 사녀화(仕女畵)가 본격적으로 발달
했던 당나라 때부터는 일상생활 속의 여인들이 역사 속의 열녀,
현모, 효부를 대신한다. 특히 궁중에서 활약한 화가들은 화려한
궁궐에 사는 아름다운 여인을 많이 그렸다.[5] 문학에서 즐겨 묘
사했던 사랑에 빠진 여인, 떠나간 연인을 기다리는 여인, 버림받
은 여인 등을 회화에서는 화장용구, 거울, 향로, 꽃, 부채 등의 소

---

4) 『文學名著與美術特展』(國立故宮博物院, 2001), pp.166~168. 및 조향진,「동진 명
   제와 〈낙신부도〉」,『미술사의 정립과 확산』1권 (사회평론, 2006), pp.622~637.
5) Mary Fong, "Images of Women in Traditional Chinese Painting," *Woman's Art
   Journal*, vol. 17, no. 1 (1996), pp.22~27.

03 | 장훤, <도련도> (부분), 당, 비단에 채색, 37×145.3cm, 보스톤미술관

품을 동원하여 애잔한 분위기로 묘사했다.[6] 이렇게 사녀화는 점
차로 유교적 감계화의 성격을 벗어나 현세적이고 심미적인 요소
가 증가했다.

8세기전반에 궁정에서 활약한 장훤(張萱)은 호화로운 의복을
강조하고 균형이 잡힌 인체비례를 중시하여 인물화에 박진감을
더해 주었다. 특히 가냘픈 몸매에서 풍만한 인물묘사로의 변화
를 주도했다.[7] 장훤의 〈도련도(搗練圖)〉는 궁중의 여인들이 옷
을 다듬는 장면을 상세하게 그렸다 (도 03). 전체는 세부분으로
구성되는데 절구질하는 장면, 실을 감고 재봉하는 장면, 옷감을
펴서 다리는 장면이다. 배경 없이 뚜렷한 윤곽선으로 다양한 동

---

6) Ellen Johnston Laing, "Chinese Palace-Style Poetry and the Depiction of a
Palace Beauty", *Art Bulletin*, vol. 72, no. 2 (Jun. 1990), pp. 284~295.
7) 이를 수신미(瘦身美)로부터 풍만미(豊滿美)로 구분하여 살펴보기도 한다. 민주
식, 「미인상을 통해 본 미의 유유형」, 『美術史學報』 25집 (2005.11), pp. 5~40.

작을 정확하게 표현하였다. 각 인물들을 화려한 의복을 강조하여 묘사하였고 균형이 잘 잡힌 인체비례로 현실적인 느낌을 준다. 여기에 호화로운 의자와 화로까지 곁들여 상류층의 사치스러움을 과시한다.

그런데 궁중의 여인들이 옷감을 다루는 허드렛일을 하는 것은 잘 이해가 되지 않는다. 이것에 대하여 봄에 황후를 비롯한 귀부인들이 행하던 궁잠(宮蠶)과 연관시키기도 한다. 상류층이 솔선수범하여 직접 실을 잣고 의복을 만들면서 나라의 기틀이 되는 일상의 노동을 강조하는 그림이라는 해석이다. 그러나 이보다는 사령운(謝靈運, 397~433)의 시「도의(搗衣)」에 묘사된 것처럼 변방에 근무하던 병사들을 위해서 새 옷을 만드는 장면이라는 추정이 더 그럴듯해 보인다.[8] 여하튼 외모와 마음이 모두 아름다운 궁중 여인들이 힘든 일을 하면서까지 백성들을 보살핀다는 정치적 선전의 의도가 담겨있다.

주방(周昉 약730~800)은 장훤의 인물화를 계승하여 더욱 섬세하고 화려하게 발전시켰으며 후대에 많은 영향을 끼쳤다. 〈잠화사녀도(簪花仕女圖)〉는 머리에 꽃을 꽂은 궁중의 여인들이 정원에서 나비를 잡거나 강아지를 희롱하는 장면을 그렸다 (도 04). 머리를 높게 얹고 커다란 모란꽃을 장식했으며 얼굴은 흰색으로 진하게 분칠을 했는데, 나방의 더듬이같이 크게 그린 눈썹이 당시의 화장 풍습을 알려준다. 여인들의 우아한 자태는 세련된 동작으로 더욱 돋보이며, 섬세한 손의 처리는 관능적인 아름다움까지 나타낸다. 속이 훤히 비치는 얇은 겉옷 아래로는 다채로운 염색 기법을 구사한 화려한 의복이 보인다.

8) Wu Tung, *Tales from the Land of Dragons: 1000 Years of Chinese Painting* (Museum of Fine Arts, Boston, 1997), pp.141~143

04 | 주방, <잠화사녀도>(부분), 당, 비단에 채색, 46×180cm, 요녕성박물관

　　장훤과 주방의 그림에는 달덩이처럼 둥근 얼굴에 풍만한 몸
집의 여성들이 자주 등장하는데 이것은 8세기경에 제작된 당삼
채(唐三彩) 도자기나 흙으로 빚은 도용(陶俑)의 여인상에서도
공통으로 나타나는 특징이다. 이러한 모습을 당시 아름다운 여
성에 대한 독특한 미적 기준에 기초한 것이다. 새로운 여성 이미
지의 등장을 여성으로 황제가 된 무측천(巫則天, 624~705) 시대
를 거치면서 여성들이 정치 및 문화 방면에서 적극적으로 활동
했던 사실과 연관시킬 수 있다. 여성의 사회적 지위가 높아지면
서 외출을 하거나 말을 타는 것처럼 건강한 모습으로 다양한 활
동을 하는 여성들의 능동적인 모습이 그려진 것이다. 이후 송대
에는 화려하고 개방적인 여성의 아름다움 보다는 단정하고 내면
적인 여성미를 추구했다. 이는 유교 이념의 강화로 말미암아 여
인들이 더욱 가부장제 중심의 규범으로 속박을 받은 결과다.
　　오대(五代)에 속하는 사례로는 고굉중(顧宏中 10세기후반)
의 〈한희재야연도(韓熙載夜宴圖)〉가 유명하다. 고굉중은 남당
(南唐) 화원의 대조(待詔)였고, 인물과 초상화를 잘 그렸는데, 남

05 | 고굉중, <한희재야연도> (부분), 비단에 채색, 28.7×333.5cm, 북경 고궁박물원

당의 황제 이욱(李煜, 재위 961~975)의 초상화를 그리기도 했
다. 이 그림의 주인공인 한희재(韓熙載)는 북방출신으로 큰 포부
를 품고 남당으로 왔지만 궁정 내부의 알력으로 자신의 뜻을 펼
치지 못했다. 황제가 그를 재상으로 임명하려 했는데, 그는 이미
남당의 장래를 비관적으로 보고 일부러 사치스러운 연회를 자주
베푸는 등, 방탕한 생활을 하며 높은 관직에 임용되는 것을 피했
다. 황제는 그의 생활을 제대로 알아보기 위하여 고굉중을 비롯
한 궁정화가 세 사람을 그의 집에 보내 염탐하고 그림으로 기록
하도록 시켰다. 긴 두루마리형식의 이 그림은 연회, 무용, 휴식,

연락, 영접 등의 다섯 장면으로 이루어져 있다.

고굉중은 몰래 엿보는 듯한 효과를 살리기 위해서 여기저기 병풍을 사용하는 구도를 사용했다. 세밀한 필치로 벌어지는 일을 상세하게 묘사했으며 내용에 있어서 한희재의 방탕함을 숨김 없이 드러냈다. 예를 들어 술에 취했을 때 깨어나기 위해서 북을 치는 한희재의 모습이라던지, 침실에서 여러 여인들과 함께 뒤섞여 있는 모습 같은 것이다. 남자와 여자 모두 긴장이 풀린 자세이며, 여인들은 풍만한 당대 미인과 달리 호리호리한 몸매로 그려졌다 (도 05).[9]

정치적 격변에 휩싸인 애달픈 여인의 사랑이야기를 담은 것으로 남송대 이당(李唐)이 그린 〈문희귀한도(文姬歸漢圖)〉가 있다. 동한시대 채문희(蔡文姬)는 유명한 학자 채옹(蔡邕)의 딸로 박학하였으며, 음악에도 재능이 뛰어났다. 16세에 위중도(衛中道)라는 사람에게 시집을 갔으나 2년도 되지 않아 남편이 세상을 떠나는 바람에 다시 처가로 돌아와서 지냈다. 그러던 중 191년 동탁(董卓)으로 인하여 천하가 혼란에 빠지자 채문희는 변방의 강족(羌族) 기병에게 납치되어 끌려갔고, 이후 흉노(匈奴) 좌현왕(左賢王)의 첩실이 되었다. 낯설고 머나먼 변방에서 12년을 살면서 좌현왕과의 사이에서 자식 둘을 나았다. 후에 조조(曹操)가 채옹과의 친분을 기억하고 채문희의 재주을 아깝게 여겨, 흉노왕에게 많은 선물을 주어 그녀를 돌아오게 했다. 이 때 채문희가 지은 노래가 〈호가십팔박(胡笳十八拍)〉이다. 머나먼 타향에서 그리워하던 고향으로 돌아가는 기쁨과 흉노에 사는 동안 낳은 두 명의 아이들과 이별하는 슬픔이 교차하는 심정을 담았다.

---

9) Wu Hung, *The Double Screen: Medium and Representation in Chinese Painting* (University of Chicago Press, 1996), pp.29~50.

06 | 진거중, <문희귀한도> (부분), 비단에 채색, 147.4×107.7cm, 국립고궁박물원

〈문희귀한도〉는 기구한 운명의 채문희가 겪은 굴곡진 삶의 중요한 순간을 여러 장면으로 묘사했다.

또 다른 남송 화가 진거중(陳居中)이 그렸다고 전하는 〈문희귀한도〉를 보면 조조가 보낸 사신이 카페트 위에 앉아 좌현왕과 채문희에게 이야기를 전하고 있다. 이미 두 아이를 낳은 채문희가 한나라 사신을 따라 고향으로 떠나기 직전의 이별 장면이다. 채문희의 표정은 굳어 있는데 이것은 고향으로 돌아가는 기쁨과 자식과 이별의 슬픔이 뒤섞인 것이다. 두 명의 어린 아이들이 문희의 옷자락을 붙들고 떨어지지 않으려고 하는데, 주변의 배경은 이를 반영하듯 황량하고 삭막하다 (도 06).

채문희의 이야기는 특히 남송대에 크게 유행했는데. 이것은 당시 정치적 상황과 관계있다. 남송이 금과 화평조약을 맺고 전쟁을 끝낸 후, 고종(高宗)의 생모인 위태후(韋太后)를 비롯하여 여러 비빈들이 금으로부터 송환되어 왔다. 이것은 마치 오래전 채문희의 이야기와도 비슷한 것이었기에 〈문희귀환도〉가 많이 그려지게 된 것이다.[10]

명청대에 접어들면서는 가냘프고 연약한 여인이 미인도에서 선호되었다.[11] 명대 당인(唐寅, 1470~1523)은 전통적인 묘사법을 바탕으로 유려한 필선을 구사하여 독특한 미인상을 보여준다. 구영(仇英, 약1494~1552) 역시 정교하고 화려한 채색인물화로 이름을 날렸는데, 그가 그린 여인들은 작고 수려한 얼굴에 몸매가 가냘프고 손이 가늘다.

당인이 그린 〈방당인사녀(倣唐人仕女)〉는 당나라의 시인 장우(張祐)와 그의 시에 매료된 기녀 이단단(李端端)의 이야기다. 장우가 유명해지자 그의 집을 직접 찾아간 이단단에게 시를 지어 주는 장면이다. 시에서 장우는 이단단을 "한 떨기 걸어다니는 흰 모란꽃(一朶能行白牡丹)"이라고 했는데, 화가 당인은 이를 살짝 바꾸어 "선화방의 이단단은 진정 걸어다니는 하얀 모란꽃이다. 꽃이 피는 양주에는 금이 가득한데, 미인은 오히려 누추한 곳을 찾아오네(善和坊裡李端端.信是能行白牡丹.花月揚州金滿市.佳人價反屬窮酸)"라는 시를 그림에 적어 놓았다. 그림 속에는 평상에 앉아서 시권(詩卷)을 쥐고 있는 장우와, 흰 모란꽃을 들고 있는 이단단이 등장한다(도 07).[12]

10) 『文學名著與美術特展』(國立故宮博物院, 2001), pp.123~124 및 『文藝紹興: 南宋藝術與文化, 書畵卷』, (國立故宮博物院, 2010), pp.136~143.
11) 조인수,「명청대의 인물화」,『明淸繪畵』(국립중앙박물관, 2010), pp.234~249.
12) 『明中葉人物畵四家特展』(國立故宮博物院, 2000), pp.152~153 및 Wu Hung, *The Double Screen: Medium and Representation in Chinese Painting* (University of Chicago Press, 1996), pp.192-196.

07 | 당인, <방당인사녀도> (부분), 비단에 채색, 149.3×65.9cm, 국립고궁박물원

　　당인은 또 〈도곡증사도(陶穀贈詞圖)〉를 그렸는데, 오대말 시
인 도곡(陶穀, 903~970)과 남당의 기녀 진약란(秦蒻蘭)에 얽힌
이야기다. 도곡이 송나라의 호부상서가 되어 사신으로 남당으로
가던 중 역참(驛站)에서 하룻밤 머물 때 아름다운 진약란을 만
났다. 도곡은 그녀가 역참 관리의 딸로 잘못 알고 하룻밤을 함께
보낸 후, 애정의 증표로 짧은 글을 지어주었다. 다음날 남당의
황제 이욱이 베풀어준 연회에 참가하여 의연한 몸가짐으로 앉아
있던 도곡은 뜻밖에도 자신에게 술을 따르고 시중을 드는 기녀

08 | 당인, <도곡증사도> (부분), 비단에 채색, 168.8×102.1cm, 국립고궁박물원

가 바로 어제 만났던 진약란임을 발견하고 당황하여 얼굴이 붉어지게 된다. 이것은 모두 황제가 도곡을 마음대로 다루기 위해서 계획한 일이었다. 당인의 그림은 바로 역참에서 두 사람이 만나고 도곡이 시를 짓는 장면을 그렸다. 촛불이 켜져 있어 어두운 밤 장면인 것을 알려준다 (도 08).[13] 당인은 또 스스로 시를 덧붙였다.

⋮

여행 중 하룻밤 인연, 짧은 글이 흔적으로 남았네.
만일 내가 도곡이었다면, 왜 황제 앞에서 얼굴을 붉히게 되겠는가.

13) 『明中葉人物畵四家特展』, pp.153~154 및 Wu Hung, *The Double Screen: Medium and Representation in Chinese Painting*, pp.196~197.

(一宿姻緣逆旅中, 短詞聊以識泥鴻. 當時我作陶承旨, 何必尊前面發紅.)

⋮

　아마도 남녀 사랑에 대한 가장 유명한 문학작품으로는 왕실보(王實甫)의 희곡『서상기(西廂記)』를 꼽을 수 있을 것이다. 젊고 유능한 선비 장생(張生)과 아름다운 여인 최앵앵(崔鶯鶯)의 사랑이야기인데, 내용은 한국의『춘향전』과도 비슷하다. 과거시험을 준비하던 장생이 사찰에서 최앵앵을 만나 첫 눈에 반하고 두 사람은 사랑에 빠졌지만 여러 난관으로 어려움을 겪다가 결국 장생이 장원급제하고 둘은 백년가약을 맺어 행복하게 살았다는 줄거리다. 명대에는 희곡에 삽화를 곁들여 출판하여 선풍적인 인기를 얻었다. 처음에는 글과 그림이 함께 편집되었다가 점

09 | 진홍수, <서상기>, 목판인쇄, 20.2×26cm, 절강도서관

차 그림이 단독으로 등장하고 비중이 커진다. 여러 판본 중에서
도 특히 진홍수(陳洪綬, 1598~1652)가 밑그림을 그린 것이 유명
하다 (도 09). 진홍수는 어려서부터 재주가 뛰어났으나 과거에
실패하고 예술로써 자신의 심정을 토로하며 그림을 팔아서 생활
하였다. 그는 고개지를 비롯한 역대 인물화의 전통을 바탕으로
하여 자신만의 독자적이고 개성이 두드러지는 인물화를 그렸다.
그의 〈서상기〉 삽화는 등장인물들의 미묘한 심리적 관계를 실감
나는 배경에 잘 어울리도록 했으며, 얼굴이 길고 몸매가 날렵한
신체묘사로 인기를 끌었다.

『서상기』 소설과 삽화의 인기는 이후에 색정적인 통속문학의
등장으로 이어졌다. 그중에서도 『금병매(金甁梅)』는 방대한 줄
거리와 수많은 등장인물로 인하여 문학적으로도 뛰어난 수준을
보여주었고, 명대에는 100회로 이루어진 소설에서 매회에 두 장
씩 삽화가 들어간 판본이 널리 퍼졌다. 문인화 이론을 정립한 동
기창(董其昌)도 이 소설을 탐독했을 정도였다. 『금병매』는 한량
인 서문경(西門慶)이 반금련(潘金蓮), 이병아(李甁兒)를 비롯한
여러 처첩들과 벌이는 낯 뜨거운 애정행각이 주된 내용이다. 한
편으로는 인간의 다양한 면모를 솔직하게 드러내주고, 당시 생
활풍속을 충실하게 기록한 대작이다. 삽화의 경우에는 주로 집
안에서 벌어지는 애정행위를 다채롭게 묘사한다 (도 10). 인물의
개성이 드러나기 보다는 이야기의 전달에 치중했다.

청대에는 궁정에서 활약한 화가 중에서 사녀화에 뛰어난
경우가 많았다. 초병정(焦秉貞), 냉매(冷枚), 우지정(禹之鼎,
1647~1716) 등이 있는데, 얼굴에 미묘한 담채로 음영법을 가미
하여 사실적으로 표현했다. 개기(改琦, 1773~1828)와 비단욱(費
丹旭, 1802~1850)은 가냘픈 체구에 나약하고 병약하여 우수에
잠긴 듯한 아름다운 자태의 여인을 즐겨 그렸다. 이러한 병태미

10 | 작자미상, <금병매>, 목판인쇄, 20.6×13.8cm, 절강도서관

(病態美)의 여인 이미지는 당시 상류층 남성이 의도하는 순종적
이고 내향적인 여성성의 표출이었다. 청대 말기에는 상품경제가
발달하고 향락적인 문화가 퍼지면서 통속적인 사녀화가 더욱 유
행했다.[14] 여성의 인품과 덕성보다는 외형적 요소를 중시하면서

----

14) James Cahill, *Pictures for Use and Pleasure* (Berkeley: University of California
 Press, 2010), pp.1~26, pp.149~187. 및 *Beauty Revealed: Images of Women
 in Qing Dynasty Chinese Painting* (Berkeley: University of California Press,
 2013), pp.9~21.

춘궁화(春宮畵)에서는 요염하고 외설적인 모습을 앞세우기도 했다.

통속화의 범주에 속하는 이런 종류의 그림들은 오랫동안 문인화를 중심으로 다루었던 회화사 연구에서 주목받지 못했다. 그리고 이러한 그림은 미적 감상을 위한 것이라기보다는 년화, 축수화, 고사화처럼 특수한 용도를 위한 것이었다. 수요자의 요구에 들어맞도록 섬세한 필선과 화려한 채색을 사용함으로써 세련된 "원체화풍"을 보여준다. 최근에 이에 대한 관심이 증대하는 것과 더불어 중국 그림 속에서 사랑 이야기를 담아내는 작품은 더욱 많이 알려지게 될 것이다.

:: 참고문헌 ::

민주식, 「미인상을 통해 본 미의 유유형」, 『美術史學報』 25집 (2005.11), pp.5~40.

조인수, 「중국 그림 속의 아름다운 인물」, 『佳人』 (이화여자대학교박물관, 2011), pp.141~150.

조인수, 「명청대의 인물화」, 『明淸繪畵』 (국립중앙박물관, 2010), pp.234~249.

조향진, 「동진 명제와 <낙신부도>」, 『미술사의 정립과 확산』 1권 (사회평론, 2006), pp.622~637.

『明中葉人物畵四家特展』 (國立故宮博物院, 2000)

『文藝紹興: 南宋藝術與文化, 書畵卷』, (國立故宮博物院, 2010)

『文學名著與美術特展』 (國立故宮博物院, 2001), pp.166~168.

Beauty Revealed: Images of Women in Qing Dynasty Chinese Painting (Berkeley: University of California Press, 2013)

Cahill, James. *Pictures for Use and Pleasure* (Berkeley: University of California Press, 2010)

Fong, Mary. "Images of Women in Traditional Chinese Painting," *Woman's Art Journal*, vol. 17, no. 1 (1996), pp.22~27.

Laing, Ellen Johnston. "Chinese Palace-Style Poetry and the Depiction of a Palace Beauty," *Art Bulletin*, vol. 72, no. 2 (Jun. 1990), pp.284~295.

Murray, Julia. "The *Admonitions* Scroll and Didactic Images of Women in Early China," *Orientations* (June, 2001), pp.35~40.

Stuart, Jan. "Revealing the Romance in Chinese Art," *Love in Asian Art and Culture* (Arthur M. Sackler Gallery, 1998), pp.11~29.

Wu Hung. *The Double Screen: Medium and Representation in Chinese Painting* (University of Chicago Press, 1996)

명화 읽어주는 박물관

인도민화로 떠나는
신화여행

하진희 제주대학교 예술디자인대학 미술학부 교수

▲ 남부민화, 서사시 라마야나, 비단에 채색, 105×57cm

인도민화로 떠나는 신화여행

인도는 넓은 땅덩어리에 걸맞게 그들이 섬기는 신들의 종류
도 다양할뿐더러 회화의 내용도 각기 조금씩 다르다. 하지만 신
에 대한 한결 같은 정성과 경배의 마음과 자연예찬의 오랜 전통
은 그들이 그려내는 민화를 통해 잘 엿볼 수 있다. 인도 민화는
지역에 따라 다른 다양한 재료와 표현기법을 가지고 있다. 그러
나 인도인들의 삶에서 가장 중요한 부분을 차지하는 그들이 섬
기는 신에 대한 신념과 찬미를 민화에 담아서 표현해내고자 하
는 열정은 지역과 재료나 기법의 한계를 벗어나 고대로부터 현
재까지 이어져 내려오는 오랜 전통이다. 인도 민화는 넓은 땅덩
어리에 걸맞게 다양한 재료와 기법이 존재하지만 본고에서는 인
도의 민화 작품들은 크게 세 지역으로 분류하고자 한다. 인도 비
하르(Bihar) 주와 그 인근에서 제작된 마두바니(Madhubani) 민
화, 마하라쉬트라(Maharashtra) 주에서 제작된 왈리(Warli) 민
화, 인도 남부 지방에서 제작된 민화로 나누어 그 소재와 기법,
특징에 관해 알아보고자 한다.

1. 인도문화의 이해

인도문화의 특징은 무엇보다도 '다양성'에 있다. 다양한 종족,
문화, 전통, 과거와 미래가 공존하기에 인도와 인도인들이 흥미

롭고 신비하게 느껴진다. 또한 그 다양성과 차이를 극복하고 모두 함께 조화를 이루며 살아간다는 점이 인도의 위대함이다. 그 저력은 아마도 고대로부터 이어져 내려오는 신화(神話)의 힘이 아닐까 생각해 본다. 오늘날 이 지구상에서 인도인들만큼 당당하게 전통을 지키며 사는 이들을 찾아보기란 쉽지 않다. 과학문명의 영향이 미치지 않는 곳이 없고 하루가 다르게 빠른 속도로 변해가는 현대인들의 삶의 방식과 비교하면 인도인들의 신비스런 사고와 느림의 생활방식은 놀랍다 못해 신기하기까지 하다.

인도인들의 일상에서 가장 소중하고 행복한 시간은 신과의 만남일 것이다. 인도인들이 매일같이 신을 만나는 것은 대개가 자신의 집에 모셔둔 신과의 개별적인 만남이다. 신에게 기도를 바치는 의식을 푸자(Puja)라고 하는데, 푸자는 '신이 나를 보고 내가 신을 본다.'라는 의미이다. 물론 중요한 의식이나 행사에 사원을 찾아 승려의 축복을 받고 신에게 기도와 제물을 바치기도 하지만 매일 하루의 시작을 자신의 집에 만들어 놓은 성소에 모셔둔 신상에게 기도를 바치는 것으로 시작하는 것이 일반적인 힌두교도들의 삶이다. 이러한 종교적인 일상이 인도인들에게 살아가면서 만나는 행복과 불행, 기쁨과 고통, 삶과 죽음에 대해 초연한 자세를 갖게 해주는지도 모른다.

인도인들은 현세의 삶에 축복을 내리며 원하는 것을 이루어주는 근원으로 신을 숭배했다. 신과 인간의 관계는 상호 의존적으로 어느 한쪽이 없이는 성립될 수 없는 관계이다. 인간은 신에게 찬미와 제물을 바쳐 신의 권위와 위엄을 유지시켜 주고 신은 자신을 기쁘게 하는 이들에게 축복과 은혜를 내려준다. 『베다』 문헌에 나타난 다신교 신앙은 다양한 변화를 거치게 되는데 그 변화는 고대 인도인들의 종교적, 철학적 견해를 알 수 있는『우파니샤드』를 통해 확인할 수 있다. 찬미와 제식을 통해 여러 신들과 상호 의존적인 관계를 유지했던 고대 인도인들은 차츰 다양성의 배후에 존재하는 하나의 궁극 원리를 철학적으로 사유하기 시작했으며 이러한 일원론적인 사유경향은 힌두교의 핵심교리로 자리 잡게 되었다. 그래서 오늘날 힌두교에서 중요시하는 신은 만물의 창조자인 브라마(Brahma)이며 다음이 브라마의 현신인 보존의 신 비슈누(Vishnu)와 창조와 파괴의 신 시바(Shiva)이다. 이 세 명의 신은 힌두교의 '삼신일체'라고 불린다. 브라마와 비슈누와 시바는 결국 한 몸인 셈이다.

힌두교의 기본 교리에서 가장 중요한 것은 윤회사상이다. 인도인들은 인간 육체의 죽음은 끝이 아니며 영혼은 다시 사람으로 태어나거나 동물, 미물로 태어난다고 믿는다. 축적된 전생의 행위를 '카르마(Karma, 업)'라고 하는데 새로운 탄생은 전적으로 업에 의해 결정된다. 즉 선한 업을 쌓으면 귀하게 태어나고 악업을 쌓으면 천하게 태어난다. 이러한 윤회사상을 바탕으로 카스트제도가 생겨났기 때문에 오늘날도 많은 인도인들이 큰 불평 없이 이 제도를 따르고 있다. 이처럼 힌두교의 교리가 윤회를 바탕으로 하고 있기 때문에 힌두교의 신들도 끊임없이 다시 태어나게 되고 그 수가 인도 인구보다 더 많아지게 된 것이다.

2. 인도 민화의 이해

인도인들이 섬기는 신의 수는 무려 수 백 억 명이나 되기 때문에 그 수를 다 헤아리기도 힘들 정도이다. 그것은 신들도 인간처럼 죽음을 맞이하고 늘 다른 모습으로 다시 현신하기 때문이다. 그래서 인도에는 인구수보다 더 많은 신들이 있다. 인도의 거의 모든 신들은 100개 이상의 각기 다른 이름을 지니고 있다고 한다. 인도 회화는 인도의 오랜 종교 전통과 더불어 2000년이 넘는 오랜 미술의 역사를 반영하고 있다. 그리고 이러한 회화의 전통은 아직도 그 맥이 이어져 내려오고 있다. 인도 민화는 지역에 따라 각기 다르게 표현되지만 주제는 대부분 11억 인도 인구의 70%이상이 믿는 힌두교의 신들이다. 물론 신화(神話)적인 주제 이외에 자연을 주제로 한 작품도 있고 전통적인 삶의 방식을 그대로 보여주는 주제들도 있다. 민화가 언제부터 제작 되었는지 정확하게 알 수 있는 자료는 없다. 대략 힌두교의 발생과 더불어 신을 형상화하기 시작하면서부터 다양한 문양과 더불어 신을 맞이하기 위한 의식의 일부분으로 민화를 제작했을 것으로 추측할 수 있다.

인도는 다양한 민족, 언어, 종교만큼이나 다채롭고 풍부한 전통을 지니고 있다. 인도 인구 가운데 60% 정도가 작은 단위의 마을을 형성하며 시골에 살고 있는 것이 인도의 현실이다. 인도에는 대략 50만여 개의 작은 마을이 형성되어 있으며 그들은 아직도 전통적인 삶의 방식 그대로 살아가고 있다. 전기와 식수도 제대로 공급받지 못하는 낙후된 지역이 아직도 많이 있다. 문명의 혜택을 거의 받지 못하며 시골생활을 하고 있는 대다수의 사람들은 지금도 변함없이 전통적인 재료와 기법을 사용하여 그들만의 방식으로 민화를 제작하고 있다.

열악한 기후 조건과 가난이 그들을 육체적으로 힘들게 하지만 그들이 만들어내는 미술품들은 하나같이 생생한 빛을 발하는 아름다움을 지니고 있다. 하나의 미술품에 그러한 생명력을 불어넣을 수 있는 저력은 아마도 그들이 더불어 살아가는 자연과 신과의 교감에서 생겨난 순수한 감각의 힘일 것이다. 또한 그들의 미술품 속에는 기술이나 기교의 흔적을 찾을 수 없을 만큼 자연스럽고 생활 속에서 우러나온 지혜와 따스함이 담겨있다. 그

렇기에 인도 민화에는 인도인의 순수한 미의식과 삶의 희로애락
이 잘 담겨 있다. 또한 미의식 뿐 아니라 사상, 가치관, 삶의 방식
도 잘 드러나 있어서 인도의 민화는 인도인의 삶의 생생한 기록
이기도 하다. 이러한 점에서 볼 때 민화는 인도 미술사에 등장하
는 그 어떤 뛰어난 미술작품보다도 미술의 역할을 충실히 수행
하고 있다고 볼 수 있다.

　인류에게 일관된 신앙이 있다면 그것은 건강과 다복에 대한
욕구와 이러한 기본적인 집착을 방해하는 나쁜 정령들과 싸워 이
기고자 하는 인간본연의 신앙이라고 하겠다. 인도 민화(神畵)의
기저를 이루는 사상도 어쩌면 이러한 점에 있어서는 공통적이다.
힌두교의 그 수많은 신들 가운데 많은 인도인들에 의해 경배를
받으며 끊임없이 작품으로 제작되는 신들만 봐도 그들이 모두 인
간에게 현세에서의 행복한 삶과 안전을 축복해 주고 악마를 무찌
르는 신들이라는 점이다. 창조와 파괴의 신 시바와 그의 아내 파
라바티, 인간을 위험으로부터 구원하는 비슈누와 그의 12가지 현
신, 부와 명예를 축복하는 신 가네샤, 음악과 목동의 신 크리슈나
와 연인 라다, 악마 왕을 무찌르는 라마와 아내 시타, 교육과 문
화의 여신 사라스바티, 행운의 여신 락슈미, 죽음과 파괴의 여신
칼리, 악마를 무찌르는 여신 두르가, 그리고 서사시 『라마야나』와
『마하바라타』의 내용 모두가 인간의 삶에 필요한 행복과 지혜에
관한 내용을 담고 있다. 또한 인간이 살아가는 데 필요한 자양분
을 공급하는 자연이 민화의 공통된 주제이다. 때문에 인도인들이
그리는 신화는 그들 삶의 생생한 기록이다.

(1) 마두바니(Madhubani) 민화

　마두바니 민화는 지금으로부터 약 3000여 년 전부터 이어져

내려온 오랜 전통을 지니고 있다. 인도 비하르(Bihar) 주의 고대 왕국인 미티라(Mithila)는 동인도 지역에 세워진 가장 오랜 왕국 가운데 하나이다. 미티라 지역의 여인들은 고대로부터 지금까지 전통적으로 이어져 내려오는 방식대로 힌두교의 신들을 주제로 하는 민화를 그려낸다. 지금은 거의 희미한 흔적만 남아있는 화려했던 인도 고대 문명과는 달리 아직도 그 맥이 이어지고 있는 인도 민화, 마두바니는 인도 신화(神話)의 살아있는 소중한 역사

01 | 마두바니민화, 창조와 파괴의 신, 시바, 종이에 채색, 69.8×49.8cm

02 | 마두바니민화, 부와 명예의 신, 가네샤, 종이에 채색, 33.2×22.0cm

자료이자 거의 3000년 이상을 변함없이 이어져 내려온 인도인들의 신화(神話) 사랑과 생생한 삶의 기록으로서 중요한 의의를 지닌다.

인도 민화는 그들의 미의식뿐만 아니라 무엇보다도 그들의 삶에서 가장 중요한 부분인 종교와 그들이 숭배하는 신들과 관련되어 있다. 미술의 오랜 기원이 종교의 발달과 더불어 온 것처럼 가장 아름다운 미술품은 늘 신에게 봉헌하기 위해 제작되었다 해도 과언이 아니다. 그리고 마두바니 민화를 그리는 여인들은 자신이 숭배하는 신의 형상을 그리는 행위를 곧 신에게 생명을 불어넣어서 자신들과 같이 살아가는 행위로 여겼다. 즉 그림이 완성되는 순간 신이 자신과 더불어 살아간다고 믿었던 것이다. 미티라의 여인들은 대부분 자신의 부모나 이웃으로부터 아주 어린 나이에 그림 그리는 것을 배운다. 특정한 문양이나 신의 형상에 대한 표현은 그렇게 해서 습득하여지고 과거로부터 현재까지 이어져 내려오고 있다. 여인들에게 민화를 그리는 행위는 마치 가족들을 위해 요리를 하거나 천에 수를 놓는 일처럼 일상의 한 부분으로 인식되어 있다.

미티라 지역에서 그려지는 마두바니 민화는 크게 두 가지 기법으로 나눌 수 있다. 하나는 대체로 이 지역의 브라만(Braman) 계급의 여인들이 그리는 민화로 검은 물감으로 거친 외곽선을 그린 다음 화려한 원색으로 채색하는 방법이다. 민화의 주제는 거의 힌두교의 신과 신화(神話)의 내용이거나 자연예찬이다. 그들의 그림에 사용하는 재료는 아직도 거의 원시적인 수준이다. 그러나 그렇다고 해서 그들의 그림이 보잘것없거나 초라해 보이지는 않는다. 오히려 다른 측면에서 보면 그들이 그렇게 형편없는 재료들을 가지고 그처럼 훌륭하게 신의 형상과 신화(神話)의 내용을 재현해 낸다는 사실이 놀랍다. 아주 오래 전에는 단순한 3가지의 색채만으로 그림을 완성했다고 한다. 숯에서 얻어진 검정색, 찰흙의 붉은 색과 카네이션 꽃가루에서 얻은 노란색에 염소의 젖이나 콩과류의 식물 즙을 섞어서 사용했다고 한다. 최근에는 옷감을 염색하는 데 사용하는 천연염료 가루를 아라빅 고무와 같이 물에 섞어서 사용한다. 이들이 사용하는 색채는 대부분 식물이나 광물질로 자연에서 얻어지는 천연안료이다. 파랑은

03 | 마두바니민화, 청혼그림, 코바르, 종이에 채색, 71×51cm

쪽에서, 노랑은 비소에서, 초록은 이 두 색을 섞어서 사용한다. 빨강은 두 가지 종류인데 하나는 자단에서 얻어지고 다른 하나는 인디안 빨강으로 알려진 콜코타로 철 산화물에서 얻어지며, 오늘날 서구에서 사용하는 아크릴 안료의 광택을 가지고 있다. 그들은 아주 가는 막대에 목화솜을 실로 묶어서 붓 대신 사용한다. 그림이 그려지는 바탕은 손으로 만든 종이가 대부분이다. 비교적 종이를 얻기 쉬운 요즘에도 그림의 밑그림이 마음대로 되지 않은 경우에 다시 그 위에 다른 밑그림을 그려 채색을 하기도 한다.

　마두바니 민화에 사용하는 원색들은 흰 색의 종이 위에서는 대조적으로 너무나 밝아 보일지 모르지만 그들의 생활 주변 색채와는 거의 일치되는 것처럼 보인다. 인도는 모든 것이 작열하는 태양 아래서 적나라하게 드러난다. 시골마을의 눈이 부시게 푸르른 초록의 들판, 강렬한 파랑의 하늘, 빨강, 노랑의 터번과 화려한 원색의 사리를 입은 여인들이 만들어 내는 원색의 향연 이 바로 인도의 색채이다. 인도에서는 이런 원색이 전혀 촌스럽 지 않고 서로 조화를 이루어 에너지를 발산하는 것처럼 느껴진 다. 물론 그들의 흙벽에 그려진 색채는 이러한 강렬함을 가져다 주지는 않는다. 흰 종이 위에서만이 그들 각각의 개성을 드러내 는 것이다.

또 다른 마두바니 민화는 단지 외곽선만 그리며 채색을 하지 않는다. 그래서 채색을 하지 않는 대신 아주 섬세하게 세부를 표 현하는 방식으로 그린다. 이 마두바니 민화를 그리는 여인들은 브라만 계급보다는 조금 낮은 카야스타(Kayastha, 신으로부터 인간의 선행을 기록하라는 사명을 부여 받은 서기) 계층이며 거 의 이런 방법으로 작업한다. 대부분의 여인들은 그림을 그리는 동안 우는 아기에게 젖을 먹이기도 하고 주변에서 아이들이 뛰 어다니는가 하면 다른 식구들이 집안일을 하면서 떠드는 소리를 배경으로 그림을 그려야만 한다. 인도의 대부분의 집에선 혼자 만의 고요한 시간을 갖는다는 것은 산이나 사막으로 혼자 떠나 기 전까지는 불가능하다. 하지만 그림을 그리는 여인은 일단 바 닥에 종이를 펼쳐놓고 그림을 그리기 시작하면 주변의 소란함에 도 개의치 않고 별다른 일이 없는 한 오랜 시간 집중해서 그림을 그린다.

미티라 지역은 고대로부터 이어져온 오랜 회화 제작의 전통 이 있다. 그 전통은 비단 미티라 뿐 아니라 주변 벵갈 주와 다른 지방에서도 여인들이 자신들의 종교적인 의식의 일부로 그리는 특정한 문양이나 신화(神話)와 연관 지어진다. 이 특별한 문양은 신의 거주지를 상징하는 마술적인 원으로서 인도에선 '아리파나

(Aripana)'라고 부르고 티베트에선 '만다라(Mandara)'로 알려져 있다. 그들은 그것을 우주의 영적인 표현으로 간주한다. 때로는 태양, 때로는 만개한 장미꽃이나 원으로 표현되어서 재앙을 막은 수단으로 상징되기도 하며 이러한 원형의 이미지는 모든 고대문명에서 사용되었다. 아리파나는 의식에 따라 다르게 그려진다.

또한 마두바니 민화가 그려지는 이 미티라 지역에서는 여자가 남자에게 청혼을 위해 '코바르(Kobhar)'라고 부르는 그림을 그린다. 자신이 좋아하는 남성에게 청혼하기 위해 이런 형식의 그림을 그려 구애해야 하기 때문이다. 즉 여성이 남성에게 프러포즈하는 '청혼 그림'인 것이다. 대체로 남성이 여성에게 구애하는 것이 보통이지만 이 지역에선 거꾸로 여성이 남성에게 이 그림을 주며 자신의 감정을 표현하는 것이다. 청혼의 그림인 코바르는 세계 어느 나라의 미술사에서도 그 유례를 찾을 수 없을 만큼 독특하다. 그림을 그려서 구애한다는 것 자체가 참으로 낭만적이고 독창적이다. 뿐만 아니라 이런 창작행위가 고대로부터 오늘날까지 이어져서 전통으로 자리 잡고 있다는 것도 놀랍다

마두바니 신화(神畫)에 그려진 모든 사물들은 그것들이 가장 특징적으로 보이는 각도에서 그려진다. 이러한 관념은 그들의 인체 표현에서 가장 잘 드러난다. 그림에서 얼굴은 거의 옆모습으로 표현되며 크게 뜬 눈은 정면형이다. 그러나 상체 즉 어깨와 가슴은 정면에서 그 모습이 가장 잘 드러나 보이기 때문에 늘 정면으로 그려진다. 그래야만 팔이 어떻게 몸에 붙어 있는가를 쉽게 표현할 수 있기 때문이다. 인도의 미술가들은 인체를 표현할 때 그들이 가장 인간답게 표현할 수 있다고 생각했던 모든 것을 다 포함시키는 규칙을 따랐을 뿐이다.

(2) 왈리(Warli) 민화

인도 마하라쉬트라(Maharashtra) 주의 타네(Thane) 지방, 아주 외딴 마을에 사는 왈리 부족에게 그들이 그리는 그림은 생활 속에서 유일한 장식품이자 그들이 세상을 보는 관점의 표현이다. 왈리 부족이 그리는 그림의 주제는 왈리 부족의 신화(神話)와 전설 중 가장 핵심인 결혼식을 관장하는 여신 파라가타(Palaghata)와 자연예찬이다.

왈리 부족은 다른 힌두교도들과는 달리 아주 다양한 신들을 숭배하지는 않는다. 그 대신 모든 자연물 속에 정령이 들어있다고 믿어서 그것들이 숭배하고, 그 모든 대상은 그림의 소재로 등장한다. 특히 그 가운데서도 나무는 그들 작품에 미적 즐거움을

04 | 왈리민화, 결혼식 장면, 면에 채색, 138×176cm

05 | 왈리민화, 말에 탄 신랑과 신부, 면에 채색, 8.0×21.8cm

제공한다. 세부에 대한 섬세한 감각과 때로는 마치 바람이 불어
와 나무를 흔드는 것 같은 표현은 그들의 자연에 대한 보다 친근
한 표현이다. 왜 그들의 그림에서 나무는 이처럼 중요한 역할을
하는 것일까? 고대로부터 이 지역 사람들은 나무 없이는 살지 못
했을 것이다. 나무는 잘 익은 과일과 땔감을 제공하고 더운 여름
엔 시원한 그늘을 제공하는 인간 생활에 소중한 자산이다. 나무
의 이 같은 기능은 마치 엄마가 아기에게 모유를 제공하는 것과
같은 것으로 왈리 부족은 나무를 모신(母神)으로 숭배한다. "오!
나무의 신이시여, 저는 당신을 여신으로 찬양하겠나이다." 왈리
부족은 이렇게 기도한다. 그래서 그들이 가장 중요하게 여기는

여신 파라가타의 모습도 거의 나무에 가깝게 표현되는 것으로 추측할 수 있다. 그들에게 나무는 곧 신이기 때문이다.

결혼식 벽화의 중앙에는 늘 결혼은 관장하는 여신 파라가타가 그려진다. 때로는 머리도 없이 단지 어떤 생물체로만 묘사되기도 한다. 특히 북쪽 지역에서는 머리가 없고 벌거벗은 거의 원형의 뼈대만 있는 모습으로 묘사되기도 한다. 힌두교 신화(神話)에서 파라가타에 대한 언급은 없다. 그러나 마하라쉬트라 주 켄데쉬(Khendesh)에서는 파라자트라(Palajatra)를 숲의 여신으로 경배한다. 이 여신은 숲과 옥수수의 여신으로 알려진다. 원래 파라가타(PalaGata)는 식물이 가득 넘치는 단지, 항아리를 의미한다. 팔(Pal)은 식물을, 가타(ghata)는 항아리나 단지를 의미하는 것으로 항아리에 식물이 가득 넘치는 것은 풍요를 상징하는 것으로 여겨진다. 이런 맥락에서 왈리 부족은 자신들의 집에서 사용하는 쌀 단지에 쌀이 비워지지 않는 것을 신의 축복으로 생각하며 쌀 단지를 숭배하기도 한다.

여신이 네 개의 손을 가진 것으로 묘사된 것은 고대 인더스 문명으로부터 그 유래를 찾을 수 있다. 네 개의 팔을 지닌 탄생과 식물의 여신이 인장에 표현되었으며 A.D. 2세기 카니시카 왕조 때 사용됐던 동전에 묘사된 시바는 어깨에서부터 나온 네 개의 팔을 지닌 모습으로 묘사되었다. 네 개의 팔은 신의 창조력과 전지전능을 상징하기 위해서이다. 파라가타 여신을 네 개의 팔을 지닌 모습으로 표현한 것은 그녀를 우주의 생명잉태의 에너지를 지닌 종족보존의 여신으로 숭배했기 때문이다. 또한 그녀의 형상이 인간의 형상이 아닌 기하학적이며 추상적인 도상으로 표현된 단순한 형태인 것은 어쩌면 베다 시대에는 남성만이 수행할 수 있는 요가를 수행하는 여신의 이미지, 즉 요기니(Yogini)로 표현하기 위해서라고 주장되기도 한다.

　파라가타 여신과 판카시리야를 그려 넣은 사각형의 기하학적인 형태는 고대의 문양인 아리파나(Aripana)에서부터 유래된 것으로 보인다. 그림에서 사각형은 단순히 장식이 아니라 신성한 힘을 얻기 위한 신을 모시는 성소의 역할을 한다. 아주 섬세한 기능을 지닌 사각형의 의미이다. 4개의 루프는 동서남북 네 방위를 지키는 신을 상징한다. 나라나데브(Naranadeva), 히르바(Hirva), 히마이(Himai)와 죠팅가(Jhotinga)는 네 방위를 지키는 신이다. 카우카트(Caukat, 신을 그려 넣는 사각형)는 우주 그 자체를 상징하고 있다. 또한 신혼부부의 집을 상징하는 것일 수도 있다.

　왈리 민화 안의 모든 소재들, 사람, 집, 나무, 동물 등은 위 아래 없이 서로 얽혀져서 그려진다. 하나의 그림 안에서 수많은 행위들이 동시에 일어난다. 태양과 달, 나무와 뿌리, 결혼식을 준비하는 장면과 결혼식을 치르는 장면이 같이 그려지는 것이다. 그림 안에 그려지는 모든 개별적인 행위들은 하나같이 똑같이 중요하다. 어떤 하나의 행위만이 중요하거나 그것에 강조점을 두지 않는다. 모든 움직임과 행위들은 그 자체로서 의미를 갖는 것이지, 그 관계에서는 어떤 것도 우위를 두거나 더 중요시하지 않는다. 그림 안에는 다양한 시점이 들어있으며 과거도 없고 미래도 없다. 현재 이 순간에 모든 것을 정지시켜서 동시에 표현하고 있다. 어떤 것을 다시 돌이키기보다는 그 순간의 시간을 정지시켜 보여주고 있다. 시간 그 자체가 가장 중요한 본질인 것이다. 가장자리가 없는 그림의 공간은 왈리 부족이 살고 있는 환경과의 관계를 반영하고 있다. 그들이 살고 있는 오두막은 울타리도 없고 경계도 없다.

　왈리 부족의 그림은 마치 하나의 판타지와 같다. 하나의 공간 안에서 존재하는 모든 것, 즉 시간의 개념 안에서 일어나는 모든 일들이 동시 다발적으로 표현된다. 그래서 과거, 현재, 미래가 하나의 공간 안에서 존재하는 것으로 묘사된다. 아니면 하나의 원처럼 돌고 도는 시간의 개념과 일치하는 것이다.

또한 왈리 부족은 고대로부터 전해져 내려오는 옛 이야기들을 소재로 그림을 그리기도 한다. 신을 지극한 정성으로 숭배해야 한다는 이야기와 권선징악과 관련된 이야기 등이 주로 그림으로 표현된다. 신을 제대로 숭배하지 않으면 흉년이 오고, 조상들이 선업을 쌓지 않으면 후손들이 가난하다는 내용이거나 서로 도우며 살아가는 지혜로운 마을 사람들의 이야기, 귀신에게 잡혀가도 정신만 차리면 살아난다는 이야기와 은혜를 갚은 새 이야기 등이다. 뿐만 아니라 그들과 더불어 살아가고 있는 자연예찬이나 조상숭배의식, 축제의 춤이나 수확의 춤 등의 장면들이 다양하게 그려지고 있다.

(3) 남부 지방 민화

인도 남부 지방은 원래 인도 토착민 드라비드라족이 아리안족의 침입과 더불어 남하하여 살고 있는 곳이다. 거의 일 년 내내 여름이 계속되는 열대성 기후이다. 이 지역은 이슬람의 침략을 당하지 않은 지역으로 힌두교 신화(神話)와 그 전통이 고스란히 잘 보존되어 있으며 회화의 주제는 대부분 신화(神話)와 연관된다. 또한 이 지역은 다양한 면직물과 천연염료가 많이 생산되는 곳으로 말린 야자 나뭇잎, 면직물, 마, 비단에 식물성 염료나 광물질 염료로 섬세하게 그려낸 아름답고 정교한 회화들이 많이 제작된다. 앞에서 살펴본 왈리 부족의 척박한 자연환경과 폐쇄된 일상생활과는 달리 풍요로운 자연환경이 재료와 기법에 다양성을 제공해준다. 또한 인도 내에서 가장 많은 힌두교 사원이 있

06 | 남부민화, 서사시 라마야나, 비단에 채색, 105×57cm

는 지역이므로 풍부한 힌두교 신화(神話)와 더불어 다양한 재료
와 기법이 뛰어난 장인의 테크닉에 의해 그 빛을 더한다.

　남부 지방 민화의 주제는 거의 힌두교의 신화(神話)와 관련
있다. 그 가운데서도 특히 『라마야나』와 크리슈나 신의 신화가

가장 많이 다뤄지는 주제이며 크리슈나의 또 다른 현신 자간나스 신도 많이 다뤄지는 주제 가운데 하나이다. 이 자간나스 신은 그의 두 명의 동생들, 발라라바드라(Balabbadra)와 여동생 수바드라(Subbadra)와 함께 묘사되는 경우가 많다. 이 세 명의 신의 형상은 마치 귀여운 캐릭터처럼 표현되어서 특히 남부지방에서는 많은 사람들에게 경배와 사랑을 받는 신들이다.

남부 지방의 민화는 마두바니 민화와 왈리 민화와는 달리 그 표현방법에 있어서 인도 미술의 전통적인 표현방식을 비교적 많이 따르고 있다. 그 중에서도 가장 대표적인 것은 신화(神話)의 내용을 이야기 형식으로 표현해 내는 방식이다. 이런 표현방법은 기원전 1~2세기 그려진 인도 아잔타(Ajanta) 석굴의 벽화에서 부처의 본생담 자타카(Jataka) 이야기를 표현하기 위해 사용되었는데, 주인공인 부처가 반복해서 나타나는 설명적인 방법으로 묘사되어 있다. 하지만 이 작품은 아잔타의 벽화와는 달리 제한된 공간에 많은 내용을 담아야 하기 때문에 화면을 최대한 작은 공간으로 분할해서 신화(神話)의 내용을 표현하고 있다. 또한 인도의 미술가들은 상징적이고 암시적인 표현방법을 좋아해서 있는 그대로 대상을 직접적으로 표현하기보다는 간접적으로 여운을 남기는 표현을 더 높이 평가한다. 심지어 서양으로부터 원근법과 세부의 사실적 표현을 중시하는 사실주의의 영향이 수입된 이후에도 인도인들에게 회화의 암시적인 요소는 여전히 소중한 표현기법으로 여겨진다.

3. 마치며

위에서 살펴본 바와 같이 인도 민화는 인도인들의 삶과 생활

07 | 남부민화, 신성한 나무와 공작, 면에 채색, 185×108cm

을 표현한 가장 진솔한 조형 언어이다. 인도인들은 끊임없이 신을 경배하고 명상하며 자신들의 신을 작품으로 만들어낸다. 그래서 마치 신화(神話) 속의 삶을 그들의 일상으로 옮겨온 듯 한 착각을 하게 한다. 인도 신화(神話) 속에는 우리가 살아가면서 만나는 거의 모든 것들이 다 들어있다고 해도 과언이 아니다. 탄생과 죽음, 행복과 불행, 정의와 음모, 희생과 배신, 축복과 저

주, 진실과 거짓, 평화와 전쟁, 성자와 악마 등 인간이 살아가면
서 만나는 인생의 모든 것을 그들은 신화(神話)를 통해서 알아간
다. 때문에 그들은 신화(神話)를 통해서 살아가면서 필요한 삶의
지혜와 생활의 자세를 배운다. 그리고 신화(神話) 속에서 그들이
찾아낸 삶의 지혜는 바로 매일매일 신을 경배하고 기도를 바치
는 것인지도 모른다. 그 기도의 시간이야말로 가장 사적인 시간
이며 바로 자신의 내면을 성찰하는 시간이기도 하기 때문이다.
매일매일 자신을 들여다보는 시간을 가지라는 것이다. 또한 그
들이 신의 형상이나 신화(神話)의 내용을 그림으로 그리는 것은
창작 행위 이전에 하나의 신성한 놀이(유희)처럼 느껴진다. 마치
아이들의 소꿉놀이처럼 몰입하고 행복을 느낄 수 있기 때문이
다. 인도인들은 신의 형상이나 신화(神話)의 내용을 그리면서 자
신이 가진 모든 기량을 발휘하고자 한다. 그래서 인도 민화는 한
점 한 점이 모두 아름답다. 비록 그 작품들이 미술사적 측면에서
재료나 기법의 진보에 어떤 기여도 하지 않았다 해도 그 작품 속
에는 그린 이의 기도와 명상이 담겨 있기 때문이다.

　　인도에서 정확하게 언제부터 힌두교 신의 형상과 신화(神話)
를 민화 작품으로 제작하기 시작했는지는 정확히 파악할 수 없
다.그러나 힌두교의 오랜 신화(神話)적 전통과 고대인도 회화의
오랜 역사를 통해 볼 때 힌두교의 다양한 의식과 더불어 생겨난
'아리파나'와 같은 상징적인 문양 제작과 그 시기를 같이 한다고
볼 수 있을 것이다. 그러한 오랜 회화 제작의 전통이 고대로부터
오늘날까지 이어져 내려와 그대로 전수되고 있다는 것은 인도
민화가 지니는 또 하나의 의의라고 생각한다.

그리스 신화 속의 사랑이야기

노성두 프레시안 미술사학교 교장

▲ 펜테실레아 화가의 아킬레우스와 펜테실레아, 불치 출토, 기원전 470~460년, 뮌헨 고대도기수집실

그리스 신화 속의 사랑이야기

'플라토닉한 사랑'이라는 말이 있다. 그러나 이건 플라톤하고 상관없는 말이다. 이성간에 시커먼 마음 품지 말고 오직 고결한 정신적인 교감을 나누는 관계를 그런 식으로 말하나 본데, 고대 그리스인들은 플라토닉한 사랑을 하지도 않았고 알지도 못했다. 후세 사람들이 지어낸 추상적인 개념일 뿐이다.

그리스인들은 이집트나 페르시아와 달라서 신들을 경외의 대상이라기보다 친구처럼 생각했다. 신과 인간 사이에 불연속적 심연이 존재한다고 본 오리엔트 문명권에서 신은 까마득한 곳에 존재하는 절대적이고 가부장적 이미지였지만, 그리스에서는 신들도 인간의 세계에 넘나들며 사랑을 나누고 질투하고 토라지기도 한다고 생각했고, 무엇보다 내세에 큰 가치를 두지 않았다. 고대 그리스에서는 왕이나 통치권자가 신격을 인정받거나 제사장의 직분을 겸직하지 않았던 것도 달랐던 점이다. 그래서 그리스 신화에 나오는 사랑의 유형도 다양하기 짝이 없다. 그러면서도 하나같이 공감이 간다. 가령 성경에 나오는 성스럽고 헌신적인 사랑은 거의 눈을 씻고 보아도 없다.

신화에는 신과 영웅과 괴물과 인간이 나온다. 이들이 서로 터부를 넘나들면서 따끈한 사연을 만들어낸다. 우선 익시온부터 시작하자.(도 01) 아테네 아크로폴리스의 파르테논 신전 남쪽에는 네모난 판부조들이 장식되어 있는데, 인간족 라피타이와 반인반마 켄타우로스의 전투를 다루고 있다. 라피타이의 족장 페

01 | 익시온의 저주, 폼페이 베티이의 집 벽화, 서기 1세기

이리토오스가 결혼식에 켄타우로스를 초대했는데, 술에 취한 하객들이 신부와 신부측 들러리를 추행하는 바람에 싸움이 벌어졌고, 결국 테세우스가 나서서 소란을 진정시킨다. 여기서 라피타이와 켄타우로스는 모두 같은 아버지의 배다른 형제들인데, 바로 익시온의 자식들이다. 익시온은 저주 받은 영웅으로 타르타로스에 떨어져 불타는 바퀴에 포박된 채 영원한 형벌을 받고 있

는 것으로 알려진 인물이다. 익시온이 딱한 처지가 된 것은 순전히 헤라 여신을 사랑했기 때문이었다. 라피타이족의 왕이었던 익시온은 디아와 혼인하면서 돈이 많은 사윗감 행세를 한 적이 있었다. 장인 데이오네우스가 지참금을 요구하자 집에 찾아오시면 직접 드리겠다고 거짓말을 치고는 벌겋게 달군 숯에 침대를 밀어 넣어 장인을 태워 죽인다. 찾아온 손님을 후하게 접대하되 결코 해쳐서는 안 된다는 크세니아의 예법을 어긴 것이다. 몹쓸 죄였지만 제우스는 익시온의 죄과를 눈감아주기로 하고 올림포스의 연회에 불렀는데, 이번에는 익시온이 헤라의 미모에 군침을 흘리는 게 아닌가! 제우스가 구름을 가지고 가짜 헤라 네펠레를 만들어주었더니 얼씨구나 하고 단박에 일을 벌이는 것이었다. 이를 본 제우스의 분노가 폭발해서 익시온은

02 | 가니메데스를 납치하는 제우스, 기원전 5세기, 올림피아고고학박물관

명부에 떨어져 바퀴 형벌을 받게 된다는 이야기이다. 폼페이 베티이의 집에서 나온 벽화는 왼쪽부터 바퀴에 포박된 익시온, 헤파이스토스, 헤르메스 그리고 그림 중앙에 앉아 있는 네펠레, 이리스, 헤라 여신의 모습을 보여준다.

그렇다고 제우스가 참한 남편은 아니었다. 올림피아 제우스 신전 인근에

03 | 에우로파와 황소, 폼페이 이아손의 집 출토, 서기 1세기, 나폴리 국립고고학박물관

서 나온 테라코타로 구운 〈제우스와 가니메데스〉는 남녀노소를 가리지 않는 전천후 바람둥이 신 제우스의 진면목을 보여준다. (도 02) 가니메데스는 트로이의 왕 트로스의 아들로서 '인간 가운데 가장 아름다운 자'로 알려져 있다. 고대 도기그림에서는 수염 난 어른이 어린이에게 토끼나 닭을 선물로 건네면서 하룻밤을 애걸하는 장면들이 흔하게 보인다. 이 작품에도 가니메데스는 제우스가 화대로 지불한 닭을 들고 있다. 헤라클레스가 사후

04 | 다나에와 제우스의 황금빗물, 보이오티아 크라테르, 기원전 450년경, 루브르박물관

05 | 이오를 감시하는 아르고스, 폼페이 멜레아그로스의 집에서 출토, 서기 1세기, 나폴리 고고학박물관

에 올림포스의 헤베와 결혼하는 바람에 식탁 시중들 사람이 없어지자 가니메데스가 그 역할을 대신 맡았다고 한다.

제우스는 여성편력 목록이 꽤 길다. 소로 변신해서 에우로파를 유혹했고, 사티로스로 변신해서 안티오페와 동침하는가 하면, 황금 빗물로 변신해서 다나에를 임신시키고, 먹구름으로 변신해서 이오와 바람을 핀다.(도 03, 04, 05) 아르테미스로 변신해서 칼리오페를 유혹한 일도 있다. 나중에 들통나서 칼리오페와 아기를 밤하늘의 큰곰자리와 작은곰자리로 만들었다고 한다. 패턴을 살펴보면 유부녀는 멀리하고 처녀들한테만 수작을 부리는 게 제우스의 특기이다. 손바닥도 마주 쳐야 소리가 난다는데, 제우스 혼자 북 치고 장구 치지는 않았을 것이다. 뮤지컬이나 발레로 자주 상연되는 〈카르멘〉의 저자 프로스페르 메리메는 "입을 꽉 다물고 있는데 파리가 들어갈 턱이 있나."라고 말하지 않았던가! 먼저 추파를 던진 건 제우스였겠지만 처녀들도 앞 다투어 입을 벌리지 않았나 싶다.

06 | 레다와 백조, 키프로스 쿠클리아 출토, 런던 영국박물관

한편, 제우스가 백조로 변신해서 레다와 동침한 일은 나중에 예상치 못한 후환을 낳게 된다.(도 06) 레다가 낳은 알 두 개에서 자식 넷이 나왔는데, 아들 둘은 강간을 저질렀다가 십이궁도 가운데 쌍둥이자리가 된다. 그리고 딸 둘은 고대 그리스 비극에서도 악명 높은 클리타임네스트라와 헬레네였다.(도 07) 헬레네는 천년 왕국 트로이의 멸망을 초래했고, 클리타임네

07 | 헬레나의 탄생, 기원전 375~350년, 바리고고학박물관

스트라는 아이기스토스
와 눈이 맞아서 남편 아가
멤논을 목욕탕에서 살해
했다. 히치콕 감독이 샤워
장면 살인 모티프를 여기
서 배운 게 아닐까 싶다.

레다가 긴 모가지를 가
진 백조와 사랑을 나누는
장면은 무척 로맨틱하게
보이지만 엄격히 말하자
면 수간이다. 수간이라면
크레타의 파시파에를 빼
놓을 수 없다. 미노스 왕

08 | 파시파에에게 암소모형을 보여주는 다이달로스,
폼페이 베티이의 집 벽화, 60~79년, 나폴리 고
고학박물관

의 아내 파시파에는 포세이돈이 선물한 아름다운 황소를 보는
순간 욕정에 불타오른다. 그리고 욕정은 비극을 잉태한다. 때마
침 아테네에서 조카를 죽이고 도주한 다이달로스가 크레타의 궁
정에 와 있던 것도 몹쓸 우연의 장난이었다. 폼페이 베티이의 집
에서 나온 벽화에는 다이달로스가 암소 모형을 완성해서 여왕
파시파에에게 대령하는 장면이 재현되어 있다.(도 08) 뚜껑을 여
닫을 수 있는 구조로 내부가 비어 있는 흰 암소의 모형 안에 사
람이 들어가서 웅크리고 있으면 포세이돈의 황소가 암소 엉덩이
뒤쪽의 통로를 통해서 자연스럽게 삽입할 수 있으며, 부드러운
삽입을 돕기 위해 통로에는 미리 올리브기름을 발라두어야 한다
는 등 사용설명서를 장황하게 읊어대는 디아달로스의 반 대머리
뒷모습이 망명예술가의 처량한 처지를 보여준다. 파시파에는 눈
을 동그랗게 뜨고 경청하는데, 거사를 앞두고 사뭇 설레는 표정
이다. 벽화의 관전 포인트는 벽화 왼쪽 앞에 앉아서 망치를 휘두

09 | 파시파에와 미노타우로스, 에트루리아 불치 출토, 기원전 340~320년, 루브르박물관

르는 꼬마이다. 꼬마는 지금 긴 막대자에 눈금을 치는 중이다. 눈금자는 만들어서 어디다 쓸 요량일까? 아마 흥분상태의 황소 거시기의 길이를 측정하고 또 암소 모형 안에 웅크리고 앉게 될 여왕 파시파에의 위치와 거시기의 깊이를 재서 혹시 있을지도 모르는 안전사고를 예방하고 제품만족도 향상에 만전을 기할 목적으로 눈금자의 용도를 해석하면 정확할 것이다.

파시파에는 미노타우로스를 출산한다. 사람 몸에 소의 머리가 붙은 괴물인간 미노타우로스는 다이달로스가 설계한 미로에 유폐되어 아테네에서 공물로 바친 인간 제물을 씹으며 연명하다가 아티카의 영웅 테세우스에게 죽임을 당하는데, 남부 이탈리아 불치에서 발굴된 도기 파편에는 갓난아기 미노타우로스를 안고 "이게 웬일이지?"하고 망연자실한 표정을 짓는 파시파에가 그려져 있다.(도 09)

욕정이 비극을 부른 사례는 또 있다. 아레스 신의 아들이자 트라키아의 왕 테레우스는 아티카의 왕 판디온의 딸 프로크네와 결혼해서 아들 이티스를 두었다. 그런데 아내 하나로는 성이

10 | 테레우스왕에게 이티스의 머리를 보이는 프로크네, 1636~1637년, 프라도박물관

안 찼는지 젊은 처제 필로멜라에게 흑심을 품고 반항하는 그녀를 억지로 추행한다. 테레우스는 처제가 혹시 자신의 범행을 발설할까 두려워 혀를 뽑아서 자르고 숲속에 감금한다. 집으로 돌아온 테레우스는 처제가 여행 중에 죽어서 직접 매장해주었노라고 아내에게 둘러댄다. 테레우스와 프로크네 사이에는 애지중지하는 아들이 하나 있었다, 그런데 신탁이 아들 이티스가 죽을 운명이며, 그것도 가까운 친지의 손에 살해당한다고 하자, 테레우스는 동생 드리아스를 의심해서 죽인다. 한편, 프로크네는 동생 필로멜라가 살아 있다는 사실을 전해듣는다. 필로멜라는 자신이 당한 일을 옷에 자수를 새겨 언니에게 보낸다. 사정을 알아챈 프로크네는 남편의 만행에 복수를 결심하고 가장 잔혹한 방법을 생각해낸다. 아들 이티스를 요리로 만들어 테레우스에게 먹인

11 | 알카메네스의 프로크네와 이티스, 기원전 430년경, 아테네국립고고학박물관

것이다. 식사가 끝난 뒤, 프로크네는 아들의 머리를 남편 테레우스에게 던지며 요리의 정체를 밝힌다. 눈이 뒤집힌 테레우스가 칼을 빼들고 아내에게 달려들자 제우스가 개입해서 이들을 모두 새로 변신시키는데, 테레우스는 매, 프로크네는 나이팅게일, 필로멜라는 제비가 되었다고 한다. 아테네 아크로폴리스 박물관에 있는 알카메네스의 대리석 조각은 아들 이티스를 요리 재료로 삼으려는 프로크네의 모습을 보여준다.(도 10, 11)

이룰 수 없는 사랑의 비극도 있다. 먼저 파에드라와 히폴리토스가 떠오른다. 라신의 희곡작품을 비롯해 영화 소재로도 여러 차례 등장했던 파에드라는 크레타의 왕 미노스와 파시파에의 딸로, 테세우스의 두 번째 아내이다. 남편 테세우스는 일찍이 아마존 여왕 히폴리테와의 사이에서 아들 히폴리토스를 낳은 적이 있는데, 파에드라가 그만 사랑에 빠진 것이다. 새엄마가 배다른 아들을 사랑하게 된 것이다. 히폴리토스는 끝내 거부하고, 파에드라의 짝사랑은 분노로 바뀌어 그녀는 아들이 자신을 겁탈했다는 편지를 남기고 자살한다. 히폴리토스는 아버지로부터 도망치다가 테세우스의 부탁을 받은 포세이돈에 의해 죽는다. 신화의 다른 판본에서는 줄거리의 전후관계가 바뀌기도 한다. 파에드라 주제는 다수의 모자이크와 벽화가 남아 있는데, 대개 사랑에 눈

먼 파에드라가 앉아서 양아들을 후릴 계략을 궁리하고 그 옆에 시녀가 서서 조언을 하는 장면이 일반적이다.(도 12)

12 | 파에드라와 유모, 폼페이 출토, 20~60년, 영국박물관

딸이 아버지를 사랑한 경우도 있다. 아도니스의 어머니 미라가 그 주인공이다. 미라는 아시리아 왕 키니라스의 외동공주였다. 그런데 어머니 켄크레이스의 입방정이 말썽이었다. 딸 미라가 아프로디테보다 더 아름답다고 떠들어대자 아프로디테가 저주를 내려서 미라의 눈에 아버지 이외에는 어떤 남자도 들어오지 않게 만든 것이다. 여기까지는 히기에누스 미토그라푸스의 기록이다. 오비디우스는 조금 다르게 설명한다. 미라는 키프로스 왕 키니라스의 딸로 등장하는데, 여기서도 아버지에 대한 이루지 못할 사랑으로 몸살을 앓는다. 그러다가 자살을 결심한 순간 유모가 나서서 계책을 낸다. 아내와의 동침이 금지된 축제기간동안 아버지의 침실에 몰래 들어가라는 것이었다. 미라는 덜컥 임신이 되었고, 키니라스는 자신을 속이고 근친상간의 죄를 저지르게 한 딸을 죽이려고 달려든다. 아프로디테의 저주로 몰약나무로 변신한 미라는 이윽고 달이 차서 나무 옆구리가 터져 아기를 낳는데, 이 아기가 바로 아도니스이다. 미라의 아들 아도니스는 아프로디테의 수많은 연인들 가운데 가장 가슴을 아프게 한다. 이것을 신의 저주에 대한 인간의 복수로 보아야 할까? 로마 에스퀼리노 언덕에 지금도 남아 있는 네로 황제

13 | 미라의 몰약나무로부터 태어난 아도니스, 네로황제의 황금궁성에서 출토, 애쉬몰리언박물관

의 황금궁성 벽화는 야윈 몰약나무에서 아기 아도니스를 받아드
는 아프로디테의 모습이 그려져 있다. 왼쪽에 앉아 있는 여자는
고대 로마의 출산의 여신 루키나로 보인다.(도 13) 미라는 단테
의 신곡에도 잠시 등장하는데, 근친상간이 아니라 속임수를 썼
다는 죄목으로 단죄 받는다. 이탈리아의 시성 단테 역시 말도 안
되는 불륜을 밥 먹듯 했던 터라 사랑에 관해서는 동병상련의 처
지를 참작해서 미라의 형량을 줄여준 것 같다.

　이쯤에서 왜 그리스 신화에는 지고지순의 사랑이 없을까 의
문이 든다. 꼭 그렇지는 않다. 잘 찾아보면 있다. 가령 피라무스

와 티스베의 사랑이야기는 셰익스피어의 비극 로미오와 줄리엣과 줄거리가 똑같은데, 아마 그대로 갖다 베꼈을 것이다. 셰익스피어의 또 다른 희곡 [한여름 밤의 꿈]에도 피라무스와 티스베 이야기가 극중극의 형식으로 들어간 것을 보면 나름대로 고대 신화를 열심히 공부했던 것 같다. 베로나의 연인 로미오와 줄리엣의

14 | 피라무스와 티스베, 폼페이 로레이우스 티부르티누스의 집, 서기 1세기

스토리는 확인해보니 1908년 이후 지금까지 영화로만 마흔 차례 넘게 제작되었다고 한다. 소싯적에 1968년 프랑코 제피렐리 감독의 로미오와 줄리엣 영화를 보고 무결점 미인 올리비아 하세의 청순 매력에 푹 빠졌다가 얼마 뒤 열일곱 살짜리 꼬맹이 숙녀가 담배 꼬나물고 인터뷰 하는 장면을 보고는 청순 미녀에 대한 환상이 깨졌던 기억이 난다. 그리스 신화에서 티스베는 처녀, 피라무스는 총각이었다. 청춘남녀의 불타는 사랑을 누가 말리겠는가? 그러나 두 집안이 앙숙이었던 터라 남들 시선을 피해 빈들에

서 몰래 만나 데이트를 하곤 했는데, 어느 날 티스베가 약속장소에 먼저 와서 기다리던 중에 사자가 나타난다. 당황해서 급히 숨느라 옷을 챙기지 못했는데 그걸 사자가 이빨로 물어뜯고는 사라져버렸다. 뒤늦게 약속장소에 도착한 피라무스는 연인의 찢어진 옷과 사자 발자국을 발견하고는 비탄에 젖어 자결하고 만다. 티스베가 사자 밥이 되었다고 오해한 것이었다. 은신처에서 두려움에 떨다가 깜빡 잠이 들었던 티스베가 문득 이상한 예감이 들어 깨어나 보니 피라무스는 이미 차갑게 식은 다음이었다. 폼페이 로레이우스 티부르티누스의 집에서 나온 벽화에는 피라무스를 죽음에 이르게 한 칼을 빼들고 티스베가 제 몸을 겨누는 장면이 재현되어 있다.(도 14) 티스베는 이렇게 말했다고 한다.

⋮

"가련한 그대여. 자신의 생명을 스스로 거두었군요.
나에게도 그만한 사랑과 용기가 있답니다.
지금은 내가 피를 흘릴 시간.
그대의 죽음을 불렀던 나는 이제 그대의 동반자가 되렵니다.
죽음이 그대를 나로부터 떼어놓았지만,
나는 죽음을 통하여 그대에게 달려갑니다."

⋮

연인의 피가 오디나무를 붉게 물들였고, 원래 흰색 열매를 맺던 오디나무들이 그 다음부터 일제히 붉은 열매를 맺기 시작했다고 한다.

지고순정파로 치자면 오르페우스도 뒤지지 않는다. 오르페우스는 헬리콘 산에 산다는 뮤즈 칼리오페의 아들이다. 에우리디케가 독뱀에게 뒤꿈치를 물려서 죽자, 명부까지 찾아가서 음악 연주로 하데스를 감동시킨다. 오르페우스의 연주를 듣고 바위와 악령조차 눈물을 흘렸다고 하니 틀림없이 비가를 연주했던 모양이다. 그러나 지상으로 귀환하는 길에 하데스와의 약속을 어기고 뒤돌아보는 바람에 에우리디케는 다시 명부로 돌아가고 만다. 나폴리국립고고학박물관의 부조는 연인과의 두 번째이자 마지막 이별을 다루고 있다.(도 15) 왼쪽은 저승사자 역할을 하는 영혼의 안내자 헤르메스, 중앙과 오른쪽 인물은 에우리디케와 오르페우스이다. 두

15 | 오르페우스와 에우리디케의 작별, 원작의 모각, 기원전 5세기, 나폴리국립고고학박물관

사람은 감정을 자제하고 다만 애처로운 눈빛과 손짓을 교환하며 아쉬운 작별을 나눈다. 서로 마주선 두 사람의 옷주름에서 비극의 여운이 느껴진다. 귀환을 재촉하며 에우리디케의 팔을 잡아끄는 헤르메스의 손길이 야속하다. 고전기 조각가는 격정을 과장된 몸짓으로 표현하는 대신 연인들의 간결한 도상을 통해 사무치는 감정을 내면화시키고 있다.

르네상스 피렌체 화가 보티첼리가 그린 〈비너스의 탄생〉과 〈프리마베라〉에는 플로라로 변신한 요정 클로리스가 나온다. 클로리스의 주제는 서기 1세기 폼페이 벽화에서도 등장한다. 오비디우스의 [파스티]에 따르면 요정 클로리스는 어느 봄날 자신을 좇는 서풍 제피로스의 드센 기운을 당하지 못하고 겁탈 당한다. 그러나 몸과 마음의 고통스런 상처를 극복하고 제피로스를 용서

하기로 했는데, 그녀의 위대한 사랑에 감동한 신들이 요정 클로리스를 꽃의 여신 플로라로 변신시켰다는 것이다.

헌신적 사랑은 그리스 신화에서 무척 드물다. 그 가운데 알케스티스의 일편단심이 유독 돋보인다. 알케스티스는 테살리아 페라이의 왕 아드메토스의 아내였다. 알케스티스의 아버지 펠리아스가 딸을 데려가는 조건으로 사자와 멧돼지가 끄는 수레를 이올코스까지 몰고 오라고 얼토당토않은 요구를 하는데, 아드메토스는 보란 듯이 임무를 완수한다. 듬직한 남편감이 아닐 수 없다. 아폴론이 그의 임무수행을 도왔다고 한다. 에우리피데스의 [알케스티스]를 보면 착한 아내와 행복하게 잘 살던 아드메토스 왕에게 갑자기 불운이 닥친다. 아르테미스 여신의 미움을 받고 죽을 운명에 처해진 것이다. 그때 다시 아폴론이 개입한다. 아폴론은 운명의 여신들에게 간청해서 누군가 아드메토스를 대신해서 죽어줄 사람이 나타나면 그와 생명을 맞바꿀 수 있게 만들었다. 폼페이 비극시인의 집 벽화는 오른쪽 뒤에서 아폴론과 아르테미스가 지켜보는 가운데 앞쪽 전령이 아드메토스왕에게 닥친 운명을 전해준다.(도 16) 아드메토스

16 | 아드메토스와 알케스티스, 폼페이 비극시인의 집에서 출토, 서기 1세기, 나폴리 국립고고학박물관

는 검은 옷을 걸치고 앉아 있고, 그 옆에 아내 알케스티스가 보인다. 뒤쪽에 서 있는 두 노인은 아드메토스의 부모이다. 전령의 소식을 들은 아드메토스는 안도한다. 늙은 부모님은 여생도 별로 안 남았으니 기꺼이 대신 나서줄 것이라고 믿었던 것이다. 그러나 늙은 호

17 | 디오니소스와 아리아드네, 테베 출토, 기원전 400~375년, 루브르박물관

박이 달고 묵은 간장이 맛있다고, 노년의 행복을 즐기던 아드메토스의 부모는 아들을 위해 희생할 마음이 티끌만큼도 없었다. 바로 그때 아내 알케스티스가 나서서 자신의 목숨을 버리고 남편을 구한다. 나중에 헤라클레스가 죽음의 신 타나토스와 싸워 이기면서 알케스티스의 영혼을 회수하고 이야기는 해피엔딩으로 끝난다.

테세우스가 낙소스 섬에 버리고 간 아리아드네를 포도주의 신 디오니소스가 발견하고 아내로 삼은 이야기도 감동적이다. (도 17) 크레타의 미로에서 살아 돌아올 수 있도록 실타래를 건네준 아리아드네는 말하자면 테세우스에게 생명의 은인이랄 수 있다. 크레타의 공주가 사지에 빠진 아테네의 왕자를 도왔으니 아리아드네는 그리스판 낙랑공주였던 셈이다. 부모 동기 다 버

18 | 리시포스의 활을 든 에로스, 서기 2세기, 로마 카피톨리노박물관

리고 남자 하나 믿고 따라나선 아리아드네를 귀찮은 혹 덩어리 때듯이 낙소스 섬에다 떨구고 달아났으니 테세우스의 몹쓸 인간성을 짐작할 수 있는 대목이다. 아리아드네는 절망감과 배신감으로 치를 떨었을 것이다. 님이 떠나간 야속한 수평선을 바라보며 울다 지쳐 잠든 그녀를 발견한 것은 다름 아닌 디오니소스. 포도주의 신답게 디오니소스는 여자는 자고로 과거를 물어서는 안 된다며 아리아드네를 아내로 맞아들인다. 술잔 그림이나 혼주기 크라테르의 장식그림에 자주 등장하는 디오니소스와 아리아드네는 침대에 비스듬히 기대 누워서 술잔을 권커니 자커니 하는 모습이다. 둘은 우애 있게 금슬 좋은 부부로 해로했던 모양이다. 그런데 아리아드네가 디오니소스의 눈에 들었던 이유가 무엇일까? 술기운이 들어가면 여자 미모가 레벨업 되어 보이는 착시효과 때문이 아니었을까?

기원전 600년경 그리스 레스보스 섬의 여류시인 사포는 사랑을 노래하면서 사랑의 신 에로스를 무섭고 끔찍한 존재로 그린다. 도저히 저항할 수 없고 또 이길 수 없는 상대라는 것이다. 사랑에 빠지면 우리는 열병을 앓는다. 사포의 표현대로라면 "에로스는 사지를 부수고 고문한다.” 에로스의 위력 앞에서 “영혼이 길을 잃고 말을 듣지 않는다.” 까까머리 중고등학교 시절에 짝사랑의 저주에 빠져본 사람이라면 사포의 고백을 십분 이해하고도 남을 것이다.(도 18)

나르키소스를 짝사랑했던 에코의 심정이 그렇지 않았을까? 보이오티아 테스피아이 출신의 아름다운 사냥꾼 나르키소스는 제 얼굴을 보는 순간 죽는다

19 | 나르키소스, 폼페이 옥타비우스 콰르티오의 집, 서기 1세기

는 신탁에 따라 거울 없이 살았다. 그러나 어느 더운 여름날 사냥에 지쳐 샘가를 찾은 그는 마침내 물거울에 비친 아름다운 얼굴을 발견하고 사랑의 저주에 빠진다. 물속의 연인을 짝사랑하게 된 것이다. 입맞춤을 하려고 다가가면 거친 숨소리가 만든 물주름이 연인의 모습을 흩어놓았다. 결국 나르키소스는 변덕스런 연인을 멀찌감치 바라보며 애끓는 가슴을 치다가 죽고 만다. 그의 시신에서 수선화가 피어났다고 한다. 메아리의 여신 에코는 그런 나르키소스를 멀리서 훔쳐보며 짝사랑하다가 돌산이 되었다고 한다. 돌산에서 특히 메아리가 잘 울리는 까닭을 알 것 같다.(도 19)

20 | 폴리페모스와 갈라테아, 폼페이 채색 주두의 집 벽화, 서기 1
세기

폴리페모스가 갈라테아를 짝사랑한 사연도 씁쓸한 결말로 끝난다. 포세이돈의 아들이자 외눈박이 거인족 괴물 폴리페모스는 오디세우스 일행을 괴롭히다가 한 눈마저 잃어버리는 주인공으로 알려져 있다. 평소 바다 요정 갈라테아를 연모해서 파도를 지치는 그녀를 볼 때마다 멀리 해안가에 서서 멱따는 소리로 노래를 부르거나 춤을 추며 시선을 끌기 위해 애쓰지만 마음을 얻지 못한다. 폼페이 채색 주두의 집에서 발견된 벽화에서는 외눈박이 괴물이 갈라테아와 끌어안고 있다.(도 20) 그러나 문헌기록은 조금 다르다. 신화작가 오비디우스는 갈라테아가 파우누스의 아들 알키스와 몰래 양다리를 걸쳤다가 경을 치는 것으로 설명하고, 다른 작가들은 폴리페모스를 연인에게 조롱받는 우스꽝스러운 캐릭터로 그리고 있는 것이다. 둘이 맺어지지 못한 것도 이해가 간다. 대왕쥐 뉴트리아가 앙증맞은 햄스터에게 추근거리는 격이었으니, 거인족으로부터 청혼을 받은 갈라테아로서도 당혹스러웠을 것이다.

짝사랑을 적극적으로 해결한 사례도 있다. 카리아 할리카르

나소스 인근의 샘의 요정 살마키스는 열다섯 살 먹은 새파란 헤름아프로디토스를 좋아해서 사랑을 고백하지만 거절당한다. 실의에 빠졌던 살마키스는 헤름아프로디토스가 여행 중에 우연히 자신의 샘에 몸을 담그자 기화를 놓치지 않고 다짜고짜 부둥켜안는다. 얼마나 막무가내였던지 두 사람이 한 몸을 이루고 떨

21 | 살마키스와 헤름아프로티노스, 브뤼헤에서 출토된 오비디우스의 변신이야기, 판본 삽화, 1480년경, 파리 국립도서관

22 | 잠든 헤름아프로디토스, 고대 그리스의 원작을 서기 2세기에 모각, 매트리스는 16세기에 베르니니가 복원, 루브르박물관

어질 줄 몰랐다는데, 결국 한 몸뚱이에 남녀 양성을 갖춘 존재로 변했다고 한다.(도 21) 루브르박물관, 에르미타주박물관, 로마 국립로마노박물관에 가면 누워서 잠든 헤름아프로디토스에서 처녀의 봉긋한 젖가슴이 달린 상체와 토종 제주 딩근 크기의 남성기가 달린 아랫도리를 확인할 수 있다(도 22)

여기서 헤름아프로디토스는 아프로디테와 헤르메스가 불이 붙어서 낳은 자식이라고 한다. 아프로디테는 또 디오니소스와 연애를 하다가 프리아포스를 낳는다. 고대의 풍요와 다산의 상징으로 크게 인기몰이를 했던 프리아포스는 일반적으로 거대한 남성기를 자랑한다. 남성기를 편의상 '주전자 주둥이'로 부르기로 하자. 고대의 화가와 조각가들은 프리아포스를 자신의 것을 저울에 달아서 무게를 재기도 하고, 올리브기름으로 마사지를 하는 등 정성을 쏟는 모습으로 상상했다. 프리아포스는 벽화뿐 아니라 테라코타, 대리석 등으로도 다수 제작되었고, 청동제 등잔 장식물로도 무척 흔했다. 보통은 팔뚝 사이즈의 주전자 주둥이가 하나지만, 예외적으로 두 개를 달고 있는 경우도 있다. (도 23, 24) 아마 앞뒤를 가리지 않고 동시에

23 | 성기를 황금의 무게에 달고 있는 프리아포스, 폼페이 베티이의 집 벽화, 기원 후 1세기

공략하기 위한 것으로 보이는데, 특별한 체위가 요구되었을 것으로 생각된다. 요정 로티스lotis는 잠을 자는 도중에 프리아포스가 달려들자 그의 거대한 주전자 주둥이를 보고는 놀라서 급히 밀쳐내고 도망치다가 이래 죽나 저래 죽나 매한가지란 심정으로 물에 뛰어들어 연꽃lotus으로 변신했다고 전해진다.

24 | 두 개의 성기를 가진 프리아포스, 폼페이 창녀의 집 벽화, 기원후 1세기

악타이온도 나르키소스처럼 사냥을 나갔다가 죽는다. 아폴론의 손주로 알려진 악타이온은 사냥의 여신 아르테미스 여신이 목욕하는 장면을 우연히 목격한 죄로 저주를 받게 된다. 머리에 뿔이 돋아서 사슴으로 변신한 악타이온은 자신이 몰고 다니던 사냥개들의 밥이 되었다고 한다.

25 | 판 화가의 악타이온의 죽음, 기원전 470년경, 보스톤 조형예술박물관

사냥꾼이 사냥감이 되어 죽은 것이다.(도 25)

활의 명수 아폴론이 제우스 못지않은 바람둥이였다는 사실은 다소 뜻밖이다. 역시 외모로만 판단할 것이 아니라는 생각이 든다. 아폴론은 아름다운 아홉 뮤즈를 거느리고도 모자랐던 걸까? 히아신스 꽃으로 변신한 히아킨토스나 사이프러스 나무로 변신한 키파리소스는 모두 미소년으로 아폴론의 사랑을 받았다. 잘나가는 아폴론도 입맛만 다시고 끝난 적이 있었다. 강의 신 페네이오스의 딸 다프네에 눈독을 들이고 기회를 포착했지만, 도망치는 그녀를 붙잡는 순간 월계수 나무로 변신하고 만 것이다. 나무와 사랑을 나눌 수는 없는 일. 손가락에서 나뭇가지와 잎이 돋고, 발톱에서 뿌리가 자라며, 몸은 수목의 껍질로 덮이면서 요정 다프네의 모습은 사라지고 말았다. 그런데 변신의 순간 아폴론은 아직 처녀의 젖가슴이 남아 있는 것을 보고 다급한 마음에

26 | 아폴론과 다프네, 빌라 토레 델 팔마 출토, 기원후 3-4세기, 리스본 국립고고학박물관

덥석 움켜쥔다. 그러나 아폴론의 손끝에 닿은 것은 거친 나무껍질이었고, 그 밑으로부터 놀란 처녀의 두근대는 심장고동의 떨림이 그의 손끝에서 울렸다고 한다.(도 26)

델로스 섬에서 발굴된 〈아프로디테와 판〉은 아프로디테 여신이 목욕을 준비하려는 순간 몰래 풀숲에서 숨어서 훔쳐보던 판이 달려들어 공격을 감행한다는 설정이다.(도 27) 옛날 여자들은 쪼그리고 앉은 자세로 몸을 씻었다. 그런데 아닌

27 | 프락시텔레스? 아프로디테와 판, 델로스 출토, 서기 100년경, 아테네 국립고고학박물관

밤중에 느닷없이 홍두깨가 들이닥치자 놀란 아프로디테 여신은 벌떡 일어나서 허벅지 붙이고 두 팔로 몸을 가리며 방어 자세를 취한다. 그런데 판이란 놈은 포기를 모르고 여신의 팔뚝을 잡아채며 용을 쓴다. 반인반수의 흉측하게 생겨먹은 제 주제는 생각하지도 않고 신들 가운데 가장 아름답다는 미의 여신에게 무작정 들이대다니 보통 뱃심이 아닌 것 같다. 그러다 결국 여신한테 슬리퍼로 귓쌈을 맞는다는 내용이다. 위쪽에서 아기 에로스가 자기 슬리퍼를 휘두르며 거들고 있다. 그런데 아프로디테와 판

이 밀고 당기며 달라 못 준다 아옹다옹하는 내용은 호메로스 이후 어떤 신화기록에도 없다. 이건 순전히 델로스의 조각가가 뚱딴지같은 마초적 상상으로 지어낸 창작물이다. 고전기 도기화가 엑세키아스 이후 많은 예술가들이 문헌기록에 얽매지 않는 자유로운 창안과 상상을 보여주고 있다. 예술가들이 꼭 기록대로만 작업했더라면 미술이 퍽 건조하고 심심했을 것이다.

여자 알몸 훔쳐보기의 주제라면 헤로도토스가 기록한 리디아의 왕 칸다울레스 이야기를 뺄 수 없다. 모든 것을 다 소유한 칸다울레스 왕은 세상에 남부러울 것이 없었지만, 단 하나 아쉬운 일이 있다면 눈부신 명품몸매를 갖춘 왕후의 알몸을 혼자만 감상해야 한다는 것이었다. 그러던 어느 날 심복 기게스를 불러 아내 로도페가 침실에서 옷을 벗을 때 몰래 몸을 숨기고 보라고 요구한다. "듣는 것보다 보는 것이 더욱 미덥기 때문에 말로만 듣는 것보다 직접 보아야 한다."는 왕의 명령을 거역할 수 없었던 기게스는 로도페의 알몸을 훔쳐보고야 만다. 플라톤은 [국가에서 기게스가 몸을 안 보이게 만드는 투명반지를 끼고 침실에 숨어들었다고 기록하고 있다.(도 28) 여기까진 좋았는데, 기게스는 나가는 뒷모습을 왕후에게 들키고 만다. 전후사정을 파악한 로도페는 자신에게 치욕과 모욕을 선물한 남편의 못된 계획에 보복을 결심한다. 그녀는 기게스에게 오직 왕만이 자신의 알몸을 볼 수 있으니, 죽임을 당하든지 또는 칸다울레스 왕을 죽이고 스스로 왕이 되든지 양자택일하라고 다그친다. 기게스가 왕위에 올라 왕후를 차지하는 것으로 이야기가 정리된다. 칸다울레스 왕은 타자의 시선을 통한 대리 노출과 변태적 관음증을 즐기다가 결국 아내 잃고 제 목숨 잃고 왕국까지 털리는 일타삼피의 비극을 맞게 된 셈이다.

세월 앞에 장사 없다는 말이 있다. 사랑도 시간의 무자비한

28 | 장 레옹 제롬의 칸다울레스와 기게스, 푸에르토리코, 1859년

발톱 앞에서는 무력하다. 죽네 사네 사랑에 빠졌다가도 곧바로 싫증내고 변덕을 부리게 되는 걸 보면 새삼 갱년기 우울증이 무섭다는 생각이 든다. 그리스의 신들도 갱년기를 혹독하게 겪었던 모양이다.

새벽의 여신 에오스가 그랬다. 에오스는 라오메돈의 아들인 미소년 티토노스를 사랑했다. 얼마나 좋았던지 따로 제우스에게 부탁해서 인간 티토노스를 불사의 몸으로 만든다. 그런데 영생과 함께 영원한 청춘을 같이 부탁한다는 것을 깜빡 잊은 것이 실수였다. 세월이 갈수록 늙고 쪼그라드니, 에오스는 티토노스에게 정이 떨어지고 말았다. 사랑에도 유효기간이 있다는 옛말이 생각난다. 결국 티토노스는 매미로 변신해서 나무에 달라붙어 죽도록 울어대게 된다. 한편, 에오스가 낳은 아들이 멤논이다. 라오메돈의 손주니까 트로이 왕 프리아모스의 조카이다. 멤논은 에디오피아를 통치하다가 삼촌을 돕기 위해 트로이 전쟁 마지막 해에 헥토르가 전사한 직후 대규모 선단을 이끌고 참여한다. 어머니 에오스의 비호로 전쟁터에서 승승장구하던 멤논은 수많은 전과를 세우고 또 안틸로코스까지 죽인다. 안틸로코스는 아가멤논 왕의 지혜로운 책사 네스토르의 맏아들이었다. 네스토르는 아들이 멤논의 손에 죽자 아킬레우스에게 눈물로 복수를 간청하여 마침내 두 영웅의 맞대결이 이루어진다. 델피의 시프노스 보물신전을 장식한 아케익 시대의 부조에는 아킬레우스와 멤논의 전투 장면이 새겨져 있는데, 이 도상은 도기화가들에 의해 광범위하게 수용되었다. 표면적으로는 아킬레우스와 멤논의 싸움이었지만 그 배후에는 제 아들을 응원하는 테티스와 에오스의 대결구도가 숨어 있다. 한편, 이집트 룩소르의 왕들의 계곡 근처에도 멤논 거상이 있는데, 이건 아메노피스 3세(이집트에서는 아메노테프 3세)의 좌상이 잘못 알려진 것이다.

도기화가 두리스가 제작한 술잔 그림에는 아킬레우스에게 죽임을 당한 멤논을 안아 든 에오스가 보인다. '고대의 피에타'로 불리는 적색상 도기화의 수작이다. 아들의 주검을 내려다보며 에

29 | 두리스의 에오스와 멤논, 카푸아 출토, 기원전 490~480년, 루브르박물관

오스가 탄식하자 그녀의 다른 아들들, 곧 바람의 신들이 나타나 적군으로부터 멤논의 시신을 수습한다. 어머니 에오스가 대지에 흩뿌린 슬픔의 눈물은 아침이슬이 되었다고 한다.(도 29)

30 | 펜테실레아 화가의 아킬레우스와 펜테실레아, 불치 출토, 기원전 470~460년, 뮌헨 고대도기수집실

펠레우스와 테티스의 아들 아킬레우스도 연애에는 도가 튼 인물이었다. 그 가운데 아마존의 여왕 펜테실레아와의 사랑이야기는 호메로스를 읽을 때마다 가슴이 아려온다. 트로이를 도우려 출정한 펜테실레아는 군신 아레스의 딸답게 빼어난 무공으로 그리스 군을 초토화한다. 그러나 아킬레우스의 일격에 펜테실레아의 운명도 끝난다. 뮌헨의 고대 도기 수집실에 있는 펜테실레아 화가의 도기작품을 보면, 숨이 꺼져가는 마지막 순간, 이루지 못할 애절한 사랑의 눈빛을 나누며 진심을 교환하는 두 남녀 영웅의 극적인 만남과 이별의 순간

이 실감나게 표현되어 있다.(도 30) 독일 극작가 하인리히 폰 클라이스트의 [펜테실레아]도 읽어둘 만한 고전이다. 위 - 아폴로도루스와 파우사니아스의 기록을 보면 아킬레우스가 적장 펜테실레아의 시신을 끌어안고 비통해하자, 옆에서 그 광경을 보고 그리스 장군 테르시테스가 남자답지 못하다고 비웃었는데, 이에 격노한 분노한 아킬레우스는 그 자리에서 동료 장군을 숨통을 끊었다고 한다.

치마 두른 여자라면 아군 적군을 안 가리는 아킬레우스는 폴릭세나가 샘가에 물 뜨러 온 모습을 보고 한 눈에 반해서 청혼을 하기도 한다. 폴릭세나는 아킬레우스의 손에 죽임을 당한 헥토르의 여동생이다. 오라비를 죽인 원수가 자기를 사랑한다며 구혼하니 폴릭세나도 어이가 없었을 것이다. 그러나 연애박사들이 대개 그렇듯이 아킬레우스의 입담은 청산유수였다. 트로이의 공주와 그리스 최고의 전사가 맺어지면 더 이상 쌍방의 희생자 없이 지겨운 전쟁을 바로 끝낼 수 있다는 왠지 설득력 있는 논리에 넘어가서 폴릭세나는 아킬레우스의 데이트 신청을 받아들인다.

그러나 결국 아킬레우스는 제 꾀에 제가 넘어가서 데이트 장소에 매복한 파리스가 쏜 화살을 발뒤꿈치에 맞고 사망한다. 불세출의 영웅이 사랑에 눈이 멀어 죽은 셈이다. 런던 영국박물관의 티

31 | 티미디아데스 화가의 폴릭세나의 죽음, 기원전 570~550년, 런던 영국박물관

미디아데스 화가의 도기그림에는 희생 제물로 바쳐지는 폴릭세
나의 모습이 보인다. 아킬레우스의 아들 네오프톨레모스가 칼
로 그녀의 목을 찔러서 피를 빼고 있다.(도 31) 네오프톨레모스
는 아킬레우스가 생전에 사랑한 마지막 연인 폴릭세나를 죽여서
레우케 섬의 무덤에 함께 부장함으로써 아버지의 죽음을 위로한
다. 그 후 뱃사람들이 레우케 섬을 지날 때면 낮에는 칼과 창과
무구가 부딪히는 소리가 요란하고, 밤이면 아킬레우스가 동료와

32 | 귀스타브 모로의 헤라클레스와 테스피우스왕의 50명의 딸들, 1853년, 파리 귀스타브 모로박물관

33 | 마크론의 사티로스와 마이나스, 기원전 480년, 뮌헨 고대도
기수집실

연인들과 어울려 술잔 부딪치는 소리가 떠들썩하게 들려왔다고 한다.

제우스와 알크메네의 아들 헤라클레스는 낮에는 괴물과 악당 사냥꾼으로 명성이 높았지만, 밤에는 신과 인간과 영웅들을 통틀어서 헬라 최고의 정력 왕이었다. 테스피우스의 왕의 궁정에서 한꺼번에 50명의 공주님을 임신시켜서 50명의 아들을 만들었던 일은 고대의 내로라는 난봉꾼들의 로망이었다.(도 32) 그것 빼고도 공식적인 아내가 서른 명이 넘었고, 동성의 애인도 두었다. 주민센터에서 가족관계증명서를 떼면 책 한 권 분량쯤 되었을 것이다 한편, 풍요의 뿔 '코르누 코피아'도 그의 작품이라고 한다. 데이아네이라를 차지하기 위해 변신괴물 아켈로오스와 다툴 때 헤라클레스가 괴물의 거대한 뿔을 분질러서 강가에 던졌는데, 그것이 오랜 시간이 지나 말갛게 씻기고 속이 텅 비어 굴러다니는 것을 요정들이 과일과 열매를 채워 풍요의 뿔로 만들었다는 것이다.

시도 때도 없는 연애질이라면 판과 사티로스와 마이나스가 벌이는 질펀한 난교를 따를 수 없다. 헤라클레스가 정력 왕이라면 판과 사티로스는 발기 왕이다. 이들은 디오니소스를 추종하

34 | 판과 헤름아프로디토스, 폼페이 디오스쿠리의 집 출토, 서기 1세기, 나폴리 국립고학박물관

며 산과 들에서 광취의 축제를 벌인다.(도 33, 34) 에우리피데스
의 희곡 [바쿠스의 여인들]을 읽어보면 이들의 열정적이면서 나
른한 일상을 짐작할 수 있다. 프랑스 시인 스테판 말라르메는
'목신의 오후'에서 노래한다.

⋮

"… 내 너를 찬미하노라, 오 처녀들의 분노여.
내 불의 입술을 피하여 미끄러지는 나신 그 성스런 짐의
오 사나운 환락이여, 한 줄기 번개가 전율하는가!
육체의 은밀한 공포를 내 입술은 마시니,
무정한 여자의 발끝부터, 수줍은 여자의 가슴까지…" (황현산 옮김)

⋮

목신들은 상대가 마땅찮으면 염소나 사슴을 탐하기도 하고
헤름아프로디테에게 달려들기도 한다. 이런 주제들은 고대의 화
가 조각가들에게 생동감 넘치는 주제를 제공했고, 실제로 술집,

식당, 목욕탕을 장식했다. 욕망을 맘껏 발산하고 구가하는 이들을 보면 딱하기도 하고 부러우면서 질투도 난다. 욕정에 몸부림치며 동물적 사랑을 나누는 이들을 보면, 인간에 내재한 원초적 욕망의 회로를 따로 떼어서 이들로 형상화한 게 아닐까 하는 생각이 든다.